Prolo はじめに

おかげさまで「日本の給料＆職業図鑑」シリーズは、本作で4作目を迎えることになりました。たくさんの方々に読んでいただき、大変感謝しております。時代を超えて存在し続ける、職業への関心や悩みに対して引き続き役立てられる情報を発信していければと思っています。

本書では、今まで扱っていなかった食品、自動車、流通などといったいわゆる「業界」や、就業者の約8割を占めるといわれている「サラリーマン」に着目しました。さまざまな業界で活躍するサラリーマンの姿を精霊として表現し、平均給料はもちろんのこと、各業界の起源や動向、業界規模などを中心に紹介しています。また、どんな人が各業界に向いているのか、どのような職業の人がその業界で働いているのかなどを調べてわかりやすく解説しました。さらに、ウェブサイト「給料BANK」で紹介していて書籍未収録の職業も追加してあります。

シリーズを重ねるごとに参加していただいた絵師様や制作スタッフの数も増え、今回もシリーズ最多を更新することになりました。
皆様のご尽力に感謝いたします。
「働く大人はかっこいい、そして子供たちがかっこよく働ける未来のために……」
この本を読む皆様の、将来を考える上での参考にしていただけると幸いです。
なお、本書に掲載されている各職業の給料などの数値については、厚生労働省の労働白書や口コミ、求人情報から統計をとって独自に算出しております。社員の給料については、年収を公表している上場企業のIR情報や、厚労省が算出している年齢補正値などを参考に、給料BANK独自の視点で算出しました。
今回も、職業によって、個人差、地域差があるものがほとんどで、統計から算出するのが難しいものもたくさんありましたが、掲載の数値はひとつの目安として読んでいただきたいと考えております。

給料BANK　山田コンペー

Contents
もくじ

Prologue ………………………………… 002
本書の見方 ………………………………… 006

第1章
自動車・機械系 / 運輸・物流系
007

第2章
食品・農業系
025

第3章
外食・流通系
037

第4章
情報通信・印刷・インターネット系
063

第5章
娯楽・エンターテインメント・メディア系
081

第6章
金融・法人サービス系
115

第7章
生活用品系
133

第8章
生活・公共サービス系 / 建設・不動産系
145

第9章
その他の職業
165

Column1　サラリーマンの職種 ………… 022
Column2　企業の頼れるパートナー ……… 049
Column3　クリエイティブな仕事 ……… 097
Column4　医療の仕事 ……………… 159
Column5　公務員の仕事 …………… 179

Index ……………………… 186

本書の見方

1. 職業名
2. 属する企業／職業の紹介（※フィクションです）
3. この職業の平均給料・給与
4. この職業の平均給料と日本の平均給料
   （20代：23万円　30代：30万円　40代：36万円）との比較
   ── この職業の平均給料　　── 日本の平均給料

給料の金額は、厚生労働省の労働白書、口コミからの統計、IR情報、求人情報などをもとに算出しています。個人で調べているため、もし間違いなどがあれば、ぜひinfo@kyuryobank.com宛に、このぐらいだとご指摘いただければ幸いです。情報は常に更新されており、『日本の給料＆職業図鑑』『日本の給料＆職業図鑑 Plus』『女子の給料＆職業図鑑』に掲載された内容から更新されている職業もあります。

※本書は、給料・給与・月収まとめポータルサイト「給料BANK」に加筆し、再編集したものです。
※平均給料・給与は基本的に男女共通です。会社員については、年収を公表している上場企業のIR情報や、厚労省が算出した年齢補正値などを参考に、給料BANK独自の視点で算出しました。また、平均値の小数点以下は四捨五入してあります。
※イラストはイメージです。各職業の資格情報やデータなどは2017年11月現在のものです。
※業界規模は基本的に各業界の国内主要企業の発表する売上高を参考に、給料BANK独自の視点で算出しました。
※本書の掲載内容は変更される場合がございます。掲載情報による損失などの責任を給料BANKおよび宝島社は一切負いかねますので、あらかじめご了承ください。

自動車・機械系/運輸・物流系

第1章 自動車・機械系・運輸・物流系

Automaker employee
自動車メーカー社員

人生における命題は、「どんな車に乗るか」である

自動車メーカー
移動を格段に楽にする「自動車」を開発・製造する。トップクラスになると街まで作ってしまうほどの力を有し、日本が誇る企業の王者といっても過言ではない。世界で活躍する社員も多いとか。

自動車業界の起源

日本がまだ江戸時代だった1769年に、自動車は誕生しました。馬車が人や荷物を運ぶおもな道具だった時代に、フランスのニコラ・ジョセフ・キュニョーにより蒸気で走る自動車が発明されました。この世界初の自動車は、軍隊の大砲を運ぶために造られたことから重くて大きく、スピードは時速10キロメートル以下だったといわれています。現在、主流となっているガソリン自動車が誕生するのは、1880年代後半のこと。1900年にはフランスのド・ディオン・ブートンがガソリン自動車を量産し、自動車は世界中に普及していきました。

◆自動車業界の動向・歴史的背景

日本では1904年（明治37年）に岡山市で電機工場を営んでいた山羽虎夫が、国産車第1号の山羽式蒸気自動車を完成させました。その3年後、純国産のガソリン自動車が誕生します。明治末期から昭和にかけて「快進社」「白楊社」など多くの自動車会社が設立され、日本の自動車産業は発展していきます。1925年（大正14年）に日産自動車の前身となる「ダット自動車商会」が、1933年（昭和8年）にはトヨタ自動車の前身となる「豊田自動織機製作所」に自動車製作部門が設置されました。第二次世界大戦で日本は大きく遅れをとりましたが、その後高度経済成長の波に乗り、1980年（昭和55年）には生産台数世界1位になりました。現在はエコカーやIT技術との連携など、次世代型自動車の開発で世界をリードしています。

◆自動車業界の規模・特色

国産自動車メーカーは世界にその名を誇る大企業であり、平均年収も高く待遇もよいです。業界規模は約15兆4000億円。トヨタ自動車が業界の王者として君臨し、日産自動車、本田技研工業、スズキ、マツダといったメーカーが名を連ねています。開発、製造、販売など、業種が幅広いのが特徴です。EV（電気自動車）やハイブリッドカーなどのエコカーがシェアを拡大しており、自動運転への注目も高まっています。業界間の提携や改革が進み、今後どうグローバル展開していくかが世界制覇への鍵となります。

自動車業界の慣例

自動車業界は祝日が休みではないことが多いです。これは、生産効率を重視したトヨタ自動車の稼働カレンダーに他社も倣ったものだといわれ、「トヨタカレンダー」とも呼ばれます。現場では作業効率を上げるために「カイゼン！カイゼン！」と常に無駄を探しているとか。愛社精神の高い人が多いようです。

✦ 自動車業界に向いているタイプ ✦

子供の頃から車やメカが好きという人が多い自動車業界ですが、好きなだけでは仕事はできません。常に他社に負けない新しい技術を開発したり、理想のデザインを追求していく必要があるため、高い学力があるのはもちろんのこと、実行するためのチャレンジ精神もある人が自動車業界には向いているといえます。

◆自動車業界に関わる職種

自動車業界は多彩な職種の人が活躍している業界です。自動車の外観や車内のインテリアをデザインする**カーデザイナー**はインダストリアルデザイナーの中でも花形の職業です。また、**整備士**も業界になくてはならない仕事です。国家資格が必要で、専門的な技術と知識を駆使して、自動車を点検・整備します。また、自動車を販売するための**営業職**、新しい技術を開発する**自動車技術者**、工場で作業をする**自動車組立工**など多くの人が従事しています。働く場所も、メーカー本社、工場、ディーラーなどさまざまです。

営業職

●不足する整備士

日本国内の整備士人口は年々減り続けており、2014年の調査では、自動車整備士は、全国で約34万人となっています。国土交通省の「自動車整備技術の高度化検討会報告書」では、ハイブリッド車両と、電子制御されたブレーキシステムなど、ユニット化した自動車システムへの対応の難しさが影響しているといわれていますが、根本は整備士の高齢化による廃業などが影響しているようです。故障が少ないのも要因の1つで、個人経営の整備工場では、ディーラーからの技術情報がない限りは、ほとんど対応できない修理が増えたことも大きいでしょう。さらには、低い収入の割に過酷な職場環境と、力仕事への抵抗感などが影響し、若者の資格所有者が減ったことも原因となっています。

※営業職は本書22ページおよび『日本の給料＆職業図鑑 Plus』8ページに詳しく掲載

Taxi Driver
タクシー運転手

駅のタクシー乗り場で待機したり、利用者がいそうな通りを巡回してお客様を探します。お客様を乗せたら目的地を聞き、そこまで乗せていきます。道を間違えないよう、ルート確認をしておくことも大切です。遠回りしてしまうと、その分を余計に支払わせることになり、悪質だと判断された場合はクレームを受けてしまうでしょう。タクシー運転手のメリットは自分のために時間を使えるところです。お客様を乗せていない時間は自分のために使えます。資格勉強をしている人もいるようです。デメリットは、拘束時間が長いことです。平均では、1日約20時間乗車しているともいわれています。

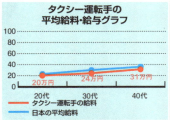

タクシー運転手の平均給料・給与

25 万円

20代の給料：20万円
30代の給料：24万円
40代の給料：31万円
初任給：20万円

※給料の算出には求人や口コミ、厚生労働省の労働白書を参考にしております

タクシー運転手の平均給料・給与グラフ

― タクシー運転手の給料
― 日本の平均給料

タクシー運転手には「普通自動車第二種免許」が必要です。この免許を取るには年齢21歳以上で、普通自動車第一種免許を取得し、運転経験が通年3年以上経過している必要があります。そのため、高校卒業後、すぐにタクシー運転手にはなれません。資格があれば、就職活動ができます。タクシー会社の求人は、自治体の求人案内所やインターネットの求人サイトなどに多く掲載されています。もちろん、タクシー会社のホームページを探すのもよいでしょう。求人数は多いです。

タクシー運転手

運転接客系ジョブの1つ。スキル「裏道」を発動させると、お客様を目的地まで最短時間で運び届けられる。特殊技「秘密の店」を使うと地元の人しか知らない美味しいお店へ案内することもできるという。

第1章　自動車・機械系／運輸・物流系

11

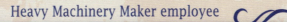

総合重機系メーカー社員

> 私が飛べる理由は、技術ではなく勇気があるからだ

総合重機系メーカー

飛行機や船、重機など人の力を超えた仕事を行う「機械」を創造する。「業界のドワーフ」と呼ばれ、モノづくり日本を支える職人が集結している。世界に誇る「オンリーワン」を作り出す。

総合重機業界の起源・動向

機械の起源は古代エジプトまで遡りますが、近代的な総合重機業界は18世紀後半のイギリスの産業革命によって興りました。日本では幕末の頃、大砲や大型艦船を造ったことに始まります。明治維新により西洋技術の吸収が急速に進みました。現在は生産工程のデジタル化・自動化・バーチャル化が進められ、生産性は日々向上しています。

第1章 自動車・機械系／運輸・物流系

◆総合重機業界の規模・特色
一言で「総合重機系メーカー」といっても、ロボットから建設機械、工作機械、化学装置、重機や農機まで、あらゆる機械を作るメーカーが存在しています。機械の製造は日本のお家芸ともいえ、総合重機産業は専門知識や熟練技術をもつ「職人」が多数活躍しています。業界規模は約8兆3300億円で、三菱重工業が多岐にわたる分野でシェアを独占しています。精密さや性能の高さに特化して世界をリードしてきた日本ですが、低コストで製造する中国やインドが脅威となりつつあり、どう戦うかが喫緊の課題です。

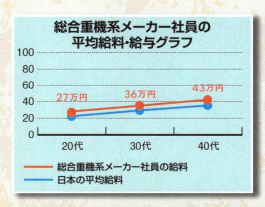

総合重機業界の慣例

中小企業であっても、オンリーワンの技術を誇る会社は大企業並みの収益があるそうです。工場の製造部門は学歴や国籍もさまざまで、経験と技術がものをいいます。オレンジの業務用巨大扇風機が暑い日の癒やしになるとか。また、「オシャカ」「ハメ殺し」など物騒に聞こえる業界用語も多数存在するそうです。

✤総合重機業界に向いているタイプ✤

開発部門のエンジニアは、最先端の技術を吸収し、柔軟な発想のできる人が向いています。製造部門で工場勤務の場合、作業スピードの速さと同時に正確さも求められます。ミスや事故は命に関わることもあるため、気を抜くことはできません。手先が器用で、真面目な人が向いているタイプであるといえます。

◆総合重機業界に関わる職種
開発技術者や**デザイナー**が機械を設計し、**CADオペレーター**がパソコンを使って完全な図面に仕上げます。加工技術を開発する**研究者**なども勤めています。製造の現場では扱う材料によって**鋳物工**、**鍛造工**など専門の職人がおり、それらの職人が作ったものを組み立てる**組立工**など、多くの人が働いています。金属を材料として扱うメーカーでは、**金型設計士**や**金型製作工**、**NC・MCオペレーター**なども活躍しています。**営業職**も欠かせません。文系でも扱う製品によっては理系の知識が必要になることもあります。

第1章 自動車・機械系／運輸・物流系

航空会社社員

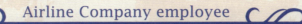

空という空間にアクセントを作ったのは私たちです。飛行機雲を見てあなたは何を思いますか？

航空会社

領空界の覇王。航空力学を駆使し、人とモノを運ぶ。日本人の活動範囲を国内から世界へと広げた。LCCの参入によって、まさに制空権の群雄割拠時代へ突入しようとしているとか。

航空業界の起源

古代より人は空を飛ぶことを夢見てきました。1490年にはレオナルド・ダ・ヴィンチが羽ばたく飛行機「オーニソプター」の設計図を描いています。それから約400年後の1903年、アメリカのライト兄弟が世界で初めて有人動力飛行を成功させました。そして、航空機は第一次世界大戦で実用化され活躍します。大戦終結翌年の1919年、最古の航空会社KLMオランダ航空が設立されました。民間旅客用の機体が開発され性能が向上すると、国際路線や海外植民地への輸送需要が増大し、航空業界は発展していきました。

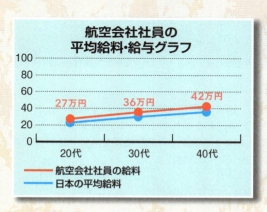

◆航空業界の動向・歴史的背景

日本では1910年に陸軍大尉が代々木公園で初めて動力で航空機を飛ばしました。1911年には日本初の空港「所沢飛行場」が開設。第一次世界大戦では航空機が大活躍しました。日本の民間航空輸送は、昭和に入って間もなく設立された国策会社、日本航空輸送（のちの大日本航空）で本格的に立ち上がりました。しかし1945年に第二次世界大戦が終結すると、GHQによって一切の航空事業が禁止されてしまいました。1951年にようやく日本企業による航空会社設立が認められ、戦後初の民間航空会社である日本航空（JAL）が、国内線の運行を始めました。2010年のJALの経営破綻は国民に衝撃を与えましたが、現在は再建し、LCCの参入や民間機の独自開発など、業界全体が新しく生まれ変わろうとしています。

◆航空業界の規模・特色

日本には20社以上の民間航空会社がありますが、ANAホールディングス（ANA）とJALが市場を二分し、国内シェアのおよそ80％を占めています。ANAやJALなど従来の航空会社をFSC（フルサービスキャリア）と呼び、近年参入してきた格安航空会社をLCC（ローコストキャリア）と呼びます。LCCの台頭により価格やサービスの競争は激化し、各社生き残りをかけて戦っています。業界規模は大手2社で約3兆600億円。今後も世界全体で航空需要は上昇すると予測されています。

第1章 自動車・機械系／運輸・物流系

航空業界の慣例

業務上必要なため、英語のできる人材が多い業界です。CA（キャビンアテンダント）は短時間で食事を済まさなければならず、早食いが得意になるそうです。トイレに行くとついトイレットペーパーを三角に折りたくなるとか。時間厳守、安全第一の業界なので、「遅延」「不具合」という言葉に敏感なのだそうです。

✦航空業界に向いているタイプ✦

航空機を操縦するには、身体能力などの適性も求められますが、もっとも重要なのは、安心して多くの人の命を預けることができる責任感の持ち主であるかどうかです。トラブルが起きたときに正確な決断を下せる判断力も重要です。機内で働く人はもちろんのこと、陸で働く職員も責任をもって働く必要があります。

◆航空業界に関わる職種

航空業界では多くの職種の人々が働いています。航空機を操縦する**パイロット**、機内サービスを提供する**CA**、地上で搭乗手続きや搭乗案内をする**グランドスタッフ**、空港で航空機を誘導する**マーシャラー**、機体の点検・整備をする**航空整備士**、管制塔で働く**航空管制官**などが活躍しています。定刻で出発するためには、多くのスタッフの協力が欠かせません。搭乗時間に現れない乗客がいると、アナウンスをしたり荷物の捜索をしたり、機体重量のバランスの再計算をしたり、とても大変です。

キャビンアテンダント

パイロット

※キャビンアテンダントは『日本の給料＆職業図鑑 Plus』76ページ、パイロットは『日本の給料＆職業図鑑 Plus』114ページに詳しく掲載

マーシャラー

Marshaller

マーシャラーとは、民間の空港や軍の飛行場などに着陸した航空機や戦闘機を誘導する専門職です。多くは民間の大手航空会社の関連会社で働いています。航空機誘導員、グランドハンドリングとも呼ばれています。多くの乗客と乗務員の安全を担う責任を背負っています。航空機の誘導は一筋縄にはいきません。雨や雪で視野が悪かったり、路面が濡れてブレーキの効きが悪くなったり、さらにはパイロットごとの航空機を移動させるスピードの違いも考慮しなければなりません。天候はもちろん、パイロットの操縦の癖までを考慮して、臨機応変に対応し、停止場所に安全に誘導します。

お帰りなさいませ。
先に給油にしますか？
それとも洗機にしますか？

マーシャラーの平均給料・給与

35万円

20代の給料：26万円
30代の給料：38万円
40代の給料：42万円
初任給：20万円～

※給料の算出には求人や口コミ、厚生労働省の労働白書を参考にしております

マーシャラーの平均給料・給与グラフ

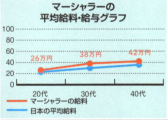

マーシャラー

航空誘導を極めた輸送支援系ジョブの1つ。誘導武具「パドル」を駆使する、別名「しゃもじ使い」。「マーシャリング」は全身全霊をかけて誘導を行うため、「誘導体技」とも呼ばれるらしい。

マーシャラーには特に国家資格や試験などはありませんが、多くの方が航空専門学校で学んでから就職しています。マーシャラーの求人はANAやJALなどの大手航空会社の関連会社が行っています。一般応募であれば筆記試験は高卒程度の数学と英語で、面接では体力や健康面について聞かれます。ただ実際は採用されてからが大変です。体力や健康面だけでなく、各航空会社が社内で指定する資格を取得する必要があるなど、常に勉強を欠かせません。

第1章 自動車・機械系／運輸・物流系

Railway Company employee

鉄道会社社員

人生のレールが続く限り、私はあなたを送り続けます

鉄道会社

日本の血管＆経済の動脈。人やモノを一度にたくさん運ぶ。鉄道業務のみならず、立地を生かした商業開発、不動産、ホテルなど多角経営を行い、線路沿いを活性化させる力をもつ。

鉄道業界の起源

18世紀後半、蒸気機関を中心として産業革命が起きました。鉄道の始まりは、1825年に開通したイギリスのストックトン・ダーリントン鉄道です。石炭を炭鉱から港に運ぶ鉄道で、初めて公共用の鉄道として蒸気機関車が使われました。次いで1830年にマンチェスター・リバプール鉄道が開通しました。蒸気機関車は産業革命以降の発明ですが、レールを使った輸送手段は中世の中央ヨーロッパの鉱山では一般的に使われていました。日本では1872年（明治5年）に新橋－横浜間に開通したのが最初の鉄道です。

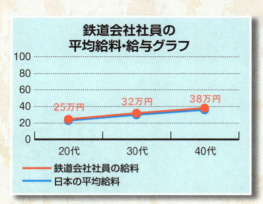

◆鉄道業界の動向・歴史的背景

明治新政府は政治制度の全国的統一や軍事力の強化、殖産興業（富国強兵を実現するための手段として進められた政策の1つ）を推進するためには、近代的輸送機構を確立することが必要だと考え、1872年（明治5年）に国営鉄道を開通させました。明治20年代には民間資本による私設鉄道ブームが訪れ、全国各地に50社近い私設鉄道会社が発足しました。その後、鉄道の重要性から多くの私鉄が買収され、総延長の90％が国有化しました。第二次世界大戦により鉄道は戦災を被り大打撃を受けましたが、国は復旧に全力を尽くし復活します。しかし、高度経済成長期以降の自動車の台頭により国鉄の経営は悪化し、民営化が決まりました。現在の鉄道各社は技術やサービスを向上させつつ多角経営にも乗り出し、海外への輸出や技術協力など、国外へも手を伸ばしています。

◆鉄道業界の規模・特色

インフラを担い、社会に貢献している鉄道業界。就労者も非常に多く、市場も巨大で、業界規模は約8兆4100億円となっています。JR、私鉄各社ともに技術の開発とサービスの向上により利便性を高める努力をしており、鉄道周辺事業にも力を入れています。相互乗り入れやICカードの運用、豪華観光列車の設置、駅ナカ・商業施設の開発のほか、不動産業、ホテル経営など、鉄道業界は発展し続けています。新世代の高速鉄道であるリニアも間もなく本格始動することから、さらなる飛躍が期待されます。

鉄道業界の慣例

入社後、配属されるとマンツーマン教育があり、師弟関係が生まれます。礼儀や上下関係に厳しい業界です。乗客同士の喧嘩や急病人、人身事故などいろいろなトラブルに遭遇するので、大抵のことには動じなくなるとか。台風や降雪時は緊急招集されることも。指差しで「よし」と言うのが口癖になってしまうそうです。

✦鉄道業界に向いているタイプ✦

鉄道業界は男性中心の縦社会で、上下関係に厳しいといわれているので、体育会系の人が長続きするようです。保守的な業界でもあるので、冒険心や野心のある人より、堅実なタイプの人が向いています。また、鉄道という重要なインフラを担っているので、責任感があり時間厳守ができる人でなければ務まりません。

◆鉄道業界に関わる職種

一番身近な鉄道業界の職種といえば、**車掌**ではないでしょうか。**駅員**を経験後、車掌になることができます。大卒である必要はありませんが、色覚が正常であり、矯正視力が1.0以上であることは必要とされています。車掌を数年経験すると、**電車運転士**への道が開けます。JRなら**新幹線運転士**になることもできます。乗務員のほかにも、窓口業務、運行管理などの仕事があり、技術開発をする**研究者**や**整備士**もいます。本社勤務の**企画職**、**営業職**、**広報職**など、いろいろな職種で多くの人が働いています。

●新幹線運転士になるには

300キロ程度のスピードが出る新幹線ですが、その運転士になるためにはとても長く険しい道のりを歩かなければなりません。まず駅員や車掌をへて、在来線の運転士となり、そこからさらに運転の経験を積みます。運転技術を向上させて、社内で新幹線の運転士の募集が行われた際に応募し、試験を受けます。試験に合格することによって、新幹線の勉強や運転の訓練が始まり、免許取得を目指すことになります。そうして免許を取得できれば、晴れて新幹線運転士です。ちなみに在来線の鉄道運転士と、新幹線運転士は、給料の計算方法が同じといわれています。そのプロセスを考えると割には合わないかもしれませんが、給料以上に仕事にやりがいをもつことができるため、そこで折り合いをつけている人が多いのではないでしょうか。

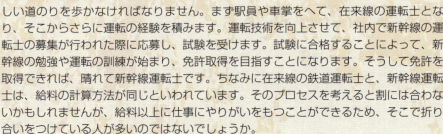

企画職

※企画職は本書22ページおよび『日本の給料＆職業図鑑Plus』10ページに詳しく掲載

Train Conductor
電車車掌

電車の運行を管理し、乗客への案内・誘導などを行う乗務員です。運転士と協力しながら、ダイヤを遵守して安全に電車を運行させます。車掌のおもな仕事は、乗降を確認しながらドアを開閉したり、信号を確認して出発合図を出すほか、車内の空調の調節、車内放送、切符の確認、お客様への案内などになります。また、緊急時の対応、例えば急病人や乗客同士のトラブルに対応したり、事故や災害などの際、乗客を安全に駅まで誘導するのも車掌の役割となります。勤務時間はシフト勤務で、休憩や仮眠を挟みながら、18～24時間拘束されることもあるそうです。

並びなさい！ 乗りなさい！
あなたはどこへでも行けるのです！

電車車掌の平均給料・給与
34万円

20代の給料：24万円
30代の給料：34万円
40代の給料：43万円
初任給：17万円～

※給料の算出には求人や口コミ、厚生労働省の労働白書を参考にしております

電車車掌の平均給料・給与グラフ

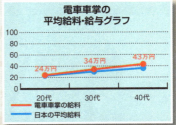

24万円　34万円　43万円
電車車掌の給料
日本の平均給料

電車車掌

乗客や荷物の流れを整理したり、安全を確保する「安全魔道士」。宝具「車掌の笛」で、ホームにあるモノ・ヒト・列車のすべてを統率。ベテランの「車内アナウンス」は車内の雰囲気を和ませることも。

車掌になるには鉄道会社に就職する必要があります。入社から数年間は窓口での切符の販売や、改札での案内業務など、駅構内でサービスを行う仕事に従事します。その後、各鉄道会社によって定められている車掌登用のための試験をへて、車掌となります。また、駅員→車掌→運転士というキャリアステップがあり、運転士になるにも試験と訓練・研修をへる必要があります。ただ、ステップアップしても給料は大きく変わらないようです。

Column 1
サラリーマンの職種

サラリーマンにはいろいろな職種があります。同じ会社内でも部署が違えば職種も違い、仕事内容はまったく異なります。モノを売るためには、まず企画職がアイデアを出し、製品や事業の企画をすることから始まります。その際、消費者にはどんな需要があるのか、ライバルはいるのか、どういう売り方をすれば効果的なのかをマーケティング職がリサーチします。生産が決定すると、製造・生産部門で働く技術者や職人の手によって形になり、工場で量産化され、販売されます。また、販売店に売り込みに行ったり、宣伝したりしなければ売れないので、営業職や広報職が活躍します。こうした売上や顧客に直接関わる仕事をしている部署や職種をフロントオフィスといいます。

その一方、在庫や顧客の情報管理、経費や税金の計算といった、裏方の業務を行うのがバックオフィスです。経理職、人事職、一般事務職、受付職、秘書職といった職種が分類されます。貿易事務職など、会社によっては特別な業務を行う事務職も存在します。バックオフィスは利益には直結しませんが、フロントオフィスをサポートして、会社組織の運営を円滑にするためには欠かせません。どんな職種であっても、会社の一員であることには変わりなく、主体性と責任をもって働くことが重要です。

営業職

「不屈の戦士」「支援の勇者」などの異名をもつ企業の花形職。企業の成り立ちはほぼ営業によって決まるといっても過言ではない。百人隊の長は「営業部長」と呼ばれ、屈強な戦士たちを統率する。

平均給料・給与	**30万円** 初任給：15万円～	20代の給料：15万円 30代の給料：25万円 40代の給料：35万円

※『日本の給料&職業図鑑 Plus』8ページに詳しく掲載

企画職

中枢系ジョブ。異名は「シャドウブレーン」。商品企画、営業企画、広告企画など多彩なクラスが存在。経営陣を最適な意思決定へと導く。スキル「マクロミクロ」を使い、世の中の動向を分析する。

平均給料・給与	**40万円** 初任給：14万円～	20代の給料：30万円 30代の給料：40万円 40代の給料：50万円

※『日本の給料&職業図鑑 Plus』10ページに詳しく掲載

広報職

魔法「プレスリリース」、兵器「社内砲（報）」を駆使し、企業ブランドの認知度や兵士の士気を高める。「キラキラ光砲（広報）」という女子を主体とした兵器を独自開発した企業もあるとか。

平均給料・給与	**30万円** 初任給：15万円〜	20代の給料：25万円 30代の給料：30万円 40代の給料：35万円

※『日本の給料＆職業図鑑 Plus』12ページに詳しく掲載

人事職

「登用」スキルに長けたマンハンター。「マンハン」とも呼ばれる。会社の長期的な成長は彼にかかっており、重要なポスト。号令「人かり行こうぜ！」で一斉に新卒を採る姿は獣のようである。

平均給料・給与	**31万円** 初任給：18万円〜	20代の給料：20万円 30代の給料：30万円 40代の給料：45万円

※『日本の給料＆職業図鑑 Plus』14ページに詳しく掲載

一般事務職

防衛系ジョブ。金銭を管理し、企業を裏から守るカンパニーガーディアン。スキル「簿記1級」はSクラスの難易度を誇るスキルで、取得した事務職は会計士にも匹敵する力をもつといわれる。

平均給料・給与	**18万円** 初任給：10万円〜	20代の給料：15万円 30代の給料：18万円 40代の給料：20万円

※『日本の給料＆職業図鑑 Plus』16ページに詳しく掲載

受付職

門番系ジョブ。組織全体を熟知しているため迅速な対応が可能。スキル「ファーストインプレッション」は企業の第一印象をよくするための接客技。玉の輿を狙えるという噂もあるが定かではない。

平均給料・給与	**22万円** 初任給：16万円〜	20代の給料：19万円 30代の給料：23万円 40代の給料：26万円

※『女子の給料＆職業図鑑』8ページに詳しく掲載

秘書職

庶務管理を得意とする経営者の「補佐」。スキル「スケジュール管理」は一分一秒たりともズレを許さない徹底管理技。「潜在的小悪魔力」をもつ秘書もまれにおり、絶大なる権力をもつことも。

平均給料・給与	**26万円** 初任給：18万円〜	20代の給料：22万円 30代の給料：25万円 40代の給料：31万円

※『女子の給料＆職業図鑑』10ページに詳しく掲載

経理職

お金の流れを司るジョブ。スキル「財務諸表」で経営成績を報告するための事務処理を行う。その能力は経営者に近く、税理士や会計士と連携するための折衝スキルも高いといわれている。

平均給料・給与	**20万円** 初任給：10万円〜	20代の給料：17万円 30代の給料：23万円 40代の給料：27万円

※『女子の給料＆職業図鑑』14ページに詳しく掲載

マーケティング職

市場分析を得意とし、企業の方向性を決める要的ジョブ。市場動向、新商品の分析や企画助言を行うため、経営・企画部と密に動く。スキル「市場アンケート」は顧客から商品の感想などを聞き出す。

平均給料・給与	**40万円** 初任給：14万円〜	20代の給料：30万円 30代の給料：40万円 40代の給料：50万円

※『女子の給料＆職業図鑑』16ページに詳しく掲載

貿易事務職

貿易関連の事務に優れた特殊ジョブ。通関手配・通関書類などの特殊文書を作成。「世界」を相手にするため、「英文作成」スキルは必須。国家資格を取得すれば「通関士」にクラスチェンジ可能。

平均給料・給与	**26万円** 初任給：18万円〜	20代の給料：24万円 30代の給料：27万円 40代の給料：29万円

※『女子の給料＆職業図鑑』20ページに詳しく掲載

食品・農業系

第2章 食品・農業系

食品メーカー社員
Food Company employee

食べることは
すべての悲しみを
忘れさせてくれる！

食品メーカー

人にとってなくてはならない食料をさまざまなかたちで調達し、それをさまざまな形に加工して販売する。人々が働く活力の源を作り出すため、無限に食のアイデアを生み続ける。

食品業界の起源

人類は狩猟や栽培、飼育など農業の営みから得られた食品の保存と貯蔵の方法について、試行錯誤しながら考案してきました。食品そのものの歴史は人類誕生と同時に始まったといわれます。約180万年前のことです。狩猟採集して得られた「食料」をそのまま食べていた時代から、さまざまな調理法によって「加工」し、保存技術を編み出し「食品」にしていったのです。日本で食品加工の歴史が始まったのは、稲作が伝来した約3000年前の縄文後期からといわれており、餅の加工品や干物が作られていたそうです。

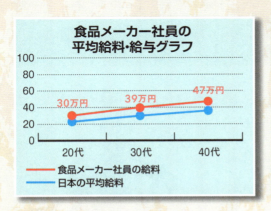

◆食品業界の動向・歴史的背景
産業革命以前の食品加工は、保存と貯蔵が中心で、農場などで人の手による加工が行われていました。産業革命以降は動力を用いた機械による加工方法が編み出され、品質の高い食品素材を大量に作り出すことが可能になりました。これにより、工場生産を行う加工食品メーカーが出現しました。日本において食品加工の工業化が本格的に始まったのは明治時代。殖産興業により欧米から機械技術を導入し、それにあわせて食品加工の工業化も進みました。戦後、食料難時代から解放され、食料生産も徐々に回復、食品産業が本格的に形成されていきました。1970年代にはスーパーマーケットの登場が食品業界の革新と発展を後押ししました。今後は国内のみならず、海外展開が激化するといわれています。

◆食品業界の規模・特色
絶対に需要がなくならないのが食品業界の特徴です。そのため、不況にも強いといわれています。業界規模は約3兆3200億円。山崎製パン、味の素、キユーピーなど多様なジャンルのメーカーが存在しています。安定した収益を出している大手食品会社は就職人気も非常に高く、採用は狭き門です。日本の食品メーカーは高い製造技術・品質管理を誇り、日本の食品は安全性が高いといわれています。特に近年は衛生管理や不正問題が報道されたことから、各社ともに大幅な改善を図り信頼を取り戻そうとしています。

食品業界の慣例

髪の毛一本の混入が倒産につながることもあるため、衛生管理に気を配っています。食品工場では、検尿・検便が定期的に行われ、マスクと帽子を装備してクリーンな状態を維持しています。目以外は覆われているため誰だかわからないこともありますが、ハンドサインと目の動きで意思疎通が図れるようになるそうです。

✦食品業界に向いているタイプ✦

食品業界は競争が激しく、新製品やリニューアルなど、常に新しい情報には敏感でなければなりません。目と舌の肥えた人が望ましいですが、美味しいものや新しいものに対する探究心のある人が向いています。特に開発・研究を行う部門は食品メーカーの要ともいえ、地道な研究を続ける根気のある人が求められます。

◆食品業界に関わる職種

食品業界には、食品や技術を研究開発する部門や、実際に製造する部門、広告宣伝を行う部門など、さまざまな職種の人が働いています。本社で商品を企画する人もいれば、工場に勤務している人もいます。**料理人**や**パティシエ**など調理に関するプロフェッショナルも食品業界には欠かせない存在です。また、栄養を計算する**管理栄養士**も働いています。そのほか、食品製造の衛生管理がきちんと行われているか監視・指導をする、**食品衛生監視員**という仕事もあります。これは自治体の公務員となります。

●食品衛生監視員と管理栄養士の違い

食品衛生監視員と管理栄養士はいずれも食品に深く関わる仕事です。食品衛生監視員は公務員ですが、管理栄養士は国家資格で、公務員でなくても民間企業で働くことができます。国家公務員の食品衛生監視員の場合は全国にある空港や港の検疫所でおもに輸入食品の監視や検査を行い、地方公務員の食品衛生監視員の場合は全国にある保健所で飲食店や食品メーカーの食品の衛生管理がちゃんと行われているかどうかの監視や指導を行います。それに対して管理栄養士は学校の給食センターなどで生徒の栄養状態や、健康の保持増進のための栄養の指導を行います。食品衛生監視員になるには食品衛生監視員の任用資格を取得する必要があります。

料理人

※料理人は『日本の給料＆職業図鑑』146ページに詳しく掲載

コメ農家

Rice Farmer

コメの栽培、販売を行う仕事です。機械化に加えて、農薬や化学肥料が普及し、他の作物と比べて労働時間も短くなりました。その一方で1年に1回しか収穫ができないなど、天候を含めた自然条件の影響が大きく、また、資材に経費がかさむため、専業農家は少なくなっています。近年はコメの流通も変化しており、米穀店以外にスーパーやコンビニ、そして、農家と消費者組合などが直接契約を結んで販売する産直販売が増加しています。インターネットで宣伝して消費者に販売するビジネススタイルも増えてきました。消費者のニーズに応えたコメ作りと販売を行うコメ農家も出てきています。

造化の三神を結びしモノ。それこそがおむすびである!

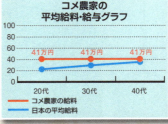

コメ農家の平均給料・給与

41万円

20代の給料:41万円
30代の給料:41万円
40代の給料:41万円
初任給:12万円〜

※給料の算出には求人や口コミ、厚生労働省の労働白書を参考にしております

コメ農家の平均給料・給与グラフ

	20代	30代	40代
コメ農家の給料	41万円	41万円	41万円

- コメ農家の給料
- 日本の平均給料

コメ農家

農業の神である瓊々杵尊(ににぎのみこと)の末裔であり、回復系アイテム「お米」を精製するジョブ。お米は、神聖な食物「五穀」の1つとされ、古事記ではお米以外にも、粟、小豆、麦、大豆が存在する。

コメ農家の求人募集は、大規模農場を中心に、インターネットで見つけられます。将来的に独立して就農する気でしたら、就農フェアで自治体や農業生産法人の担当者に相談をするか、「全国新規就農相談センター」のサイトなどを見るのがよいでしょう。未経験者がコメ農家になるには、農地の取得や農機の購入、稲作の技術の習得などさまざまなハードルがあります。まずはアルバイトから始めて地域での人脈作りから始めるのもよいかもしれません。

Melon Farmer
メロン農家

メロン農家は、メロンを栽培し、販売するのが仕事です。メロンは栽培の難しい作物です。北海道では厳冬期から土作りが始まり、接ぎ木作業など、苗を植えるまでにも手間がかかります。湿度に弱く、換気や室温の調整、水分など徹底した管理が欠かせません。手間暇はかかりますが、高単価で売れるため、販売効率のいい作物です。近年では、SNSを活用して、直販で品質の高いメロンを販売し、ブランド化する農家も出てきました。作り手の個性が出る作物だといわれています。栽培技術と併せてマーケティングにも力を入れて、高年収となることも可能です。

偉大な思考はメロンを食すことから生まれる！

メロン農家の平均給料・給与
65万円

20代の給料：65万円
30代の給料：65万円
40代の給料：65万円
初任給：12万円～

※給料の算出には求人や口コミ、厚生労働省の労働白書を参考にしております

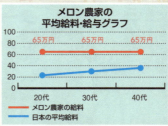

メロン農家の平均給料・給与グラフ

メロン農家

「メロン」の精製に特化した農業系ジョブ。メロンが「フルーツ界の王様」と呼ばれるため、「王家の産み人」とも呼ばれる。ブルーキング（青肉種）とレッドキング（赤肉種）の産み分けが可能。

農地の取得や栽培技術の習得など、未経験者がいきなりメロン農園を開くのは大変です。実家を継げる人以外は、メロン農家でアルバイトをしたり、農業法人で研修を受けて、経験と人脈作りから始めるとよいでしょう。メロン栽培の盛んな北海道富良野市には「農作業ヘルパー」制度があります。半年間、農家の仕事を体験できます。有料ですが個室完備の寮も用意されています。就農を考えている人は、参加してみるのもよいでしょう。

Tomato Farmer
トマト農家

トマト農家の仕事はトマトの栽培と販売です。旬は夏ですが、近年ではビニールハウスなどの施設栽培も盛んで、一年中収穫されています。トマトは、毎年同じ場所で栽培すると成育が悪くなります。いわゆる連作障害です。そのため、毎年植える場所を変えたり、後作に連作障害が出にくくなる野菜（キャベツやブロッコリー、ネギなど）を作付けしたり、土壌を入れ替えたり（天地返し）、消毒したりなど、トマト栽培には工夫と計画性が必要です。トマトは多種多様な品種があり、工夫と手間暇によって味も変わるため、やりがいのある野菜といえるでしょう。

外見の美だけにこだわる者は
リコピンの真の力を知らん

トマト農家の平均給料・給与
42万円

20代の給料：42万円
30代の給料：42万円
40代の給料：42万円
初任給：12万円～

※給料の算出には求人や口コミ、厚生労働省の労働白書を参考にしております

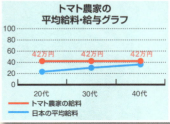

トマト農家の平均給料・給与グラフ

トマト農家

アステカの血を引く緑黄色戦士。回復アイテム「トマト」を精製する。赤い色素「リコピン」を駆使し、美肌効果をもたらすのが得意。赤く燃え盛る闘志をもつため「完熟生産者」と呼ばれている。

トマト農家になるには特別な資格は必要ありません。しかし、トマト栽培には多くの知識と技術が必要なため、まずは農業法人や自治体の農業研修に参加してノウハウを身につける必要があります。求人は「全国新規就農相談センター」のサイトなどに掲載されます。高齢のため引退した農家からビニールハウスを譲り受けたり、借りたりしてトマト農家を始める人もいます。初期投資が抑えられるので、つてがあれば頼ってみるのがよいでしょう。

いちご農家

Strawberry Farmer

いちご農家の仕事は、いちごの栽培と販売です。多くの農家は害虫や鳥、自然災害からいちごを守り、管理をしやすくするためにハウス栽培をしています。栽培したいちごは出荷するほか、いちご狩りを行う農家もあります。品種にもよりますが、そこそこ栽培が難しい作物です。しかし、ノウハウは確立されているので、比較的栽培が容易な品種から手掛けていき、「あまおう」「スカイベリー」「きらぴ香」といった高級品種へとステップアップしていけばよいでしょう。ちなみに、いちご専業農家よりも、ジャガイモやしいたけなど、複数の食物を育てる農家が多いようです。

いちご界にキング、クイーンはいるがエンペラーはいない

いちご農家の平均給料・給与

50万円

20代の給料：50万円
30代の給料：50万円
40代の給料：50万円
初任給：不明

※給料の算出には求人や口コミ、厚生労働省の労働白書を参考にしております

いちご農家の平均給料・給与グラフ

いちご農家

重旨戦士。「いちご」を精製するジョブ。スキル「すりつぶし」を駆使し、回復アイテム「いちごジャム」も作れる。「甘い王」や「空いちご」などの種類によっていちごの甘味が変わるとか。

未経験者がいちご農園を開くのは難しいので、まずはいちご農家でのアルバイトから始めるのがよいでしょう。インターネットの求人サイトや各地の農園が募集を掲載しています。1年を通して仕事があるので、季節を問わず、求人が行われています。農家にもよりますが、アルバイトであっても、苗の世話から土作り、苗の定植、ハウスのビニール貼り、収穫にパック詰めから販売まで、一通りの作業に携われます。経験を積めば独立も夢ではありません。

海女

Diver

アワビ、伊勢海老、ウニ、サザエ、ナマコ、ワカメ、天草などを素潜りで取る漁法の職業です。業態としては、個人営業の漁業であり、漁業権が必要です。伝統的に素潜りで行いますが、近年では専用のスーツがあり、ある程度の経験を積めば漁ができるようになっています。ただし、20代から水圧と低水温に慣れる必要があります。また、一般的に"ふくよか"な女性のほうが、水温に耐えることができるそうです。ベテランになると、冬場1時間強は漁に出ます。素潜り10年目くらいから、一人前と言われます。漁以外に観光振興目的の海女も多くいます。

生きていく上でウデ1本と1つの桶があればほかに何もいらない

海女の平均給料・給与

10 万円

20代の給料：10万円
30代の給料：10万円
40代の給料：10万円
初任給：1万円～

※給料の算出には求人や口コミ、厚生労働省の労働白書を参考にしております

海女の平均給料・給与グラフ

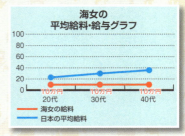

- 海女の給料
- 日本の平均給料

海女の求人は、全国漁業就業者確保育成センターや漁業組合、海人センターなどの組合や施設で行われています。募集は不定期および少数ですし、離職率は9割以上と厳しい業界です。就業すると集落の住居などを斡旋してもらい、そこを生活の拠点とすることになります。研修期間はありますが、期間が定まっておらず、組合の中で「一人前」と認められたら研修が終わります。操業日数は月平均で10～20日前後、年間150日前後が多いようです。

海女

別名「素潜りマスター」。ウニやサザエの天敵。スキル「独特の呼吸法」を若いうちに習得し、海中を自在に移動し、獲物を狩る。マスタークラスになると海中で2分以上ものハンティングを行える。

第2章 食品・農業系

Beverage Maker employee

飲料メーカー社員

飲み物に誇りをもつ者として言います。「カレーは飲み物ではない」

飲料メーカー

水と何かを混ぜし「飲料水」を作り出す。幾千万の種類から、ヒトの趣向に合わせたものを提供。二酸化炭素を取り入れた「炭酸飲料」、古の水「お茶」や「アルコール飲料」などを精製する。

飲料業界の起源

飲料の歴史は紀元前にまで遡ります。アルコールの歴史は古く、紀元前4000年頃には古代メソポタミアでお酒が作られていたそうです。今から6000年以前にバビロニア人が果実の飲料を飲んだこと、それ以降も何世紀にもわたりレモン飲料が飲まれたという記録もあります。炭酸ガスを含む飲料は、古代ローマ時代に、天然に湧き出る鉱泉や温泉を飲用したことが始まりだといわれています。鉱泉の水は普通の水とは違い、健康によいということで、最初は病人に飲まれていたといわれています。

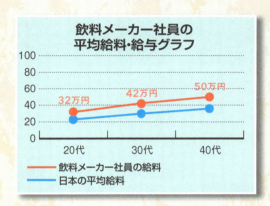

◆飲料業界の動向・歴史的背景

日本に初めて炭酸飲料が伝えられたのは幕末の1853年のことです。ペリー提督が艦隊を率いて浦賀に来航したとき、飲料水の一部として艦に「炭酸レモネード」を積んでおり、幕府の役人にこれを飲ませたのが最初だといわれています。清涼飲料の製造元祖は横浜で英国人が開業した「ノース・アンド・レー商会」と称する薬種商です。1868年に横浜居留地でレモネード、ジンジャーエール、ミネラルトニック、シャンペンサイダーなどの炭酸飲料の製造を始めました。その後、食品の加熱殺菌、保存技術、ビンの製造技術の向上とともに飲料業界は発展していきました。戦後、プルタブ付きの缶やペットボトルなど、容器にも次々に新しい技術が生まれ、缶コーヒーやスポーツドリンクといった消費者のニーズに合わせた飲料が登場していきました。

◆飲料業界の規模・特色

食品と同じく飲料業界も需要がなくならないことから、不況に強く比較的安定した業界だといわれています。認知度、ブランド力の高い大手メーカーは就職人気も高いです。業界規模は約3兆7600億円となっています。毎年数千種類の新商品やリニューアル商品が発売されていますが、「センミツ」（1000の新製品中、ヒットするのはせいぜい3つ）といわれるほど競争が激しい業界でもあります。トクホやコンビニのプライベートブランドの飲料など流行も次々に生まれ、海外進出に力を入れる企業も増えています。

飲料業界の慣例

大手は愛社精神の強い人が多く、体育会系の文化が根強いところもあります。アルコール飲料を扱う会社に勤める人は、実際に飲みに行って市場調査をすることもあるようです。どの飲料メーカーにも門外不出の調合レシピがあり、似たような味はできても、まったく同じ味を再現するのは不可能だともいわれています。

✦ 飲料業界に向いているタイプ ✦

営業や販売促進の仕事は多くの人と接するので、コミュニケーション能力の高い人が向いています。売上に直接関わるということもあり、責任感も求められます。新製品の開発には半年以上かけることもあり、開発研究職に就くには知識と根気が必要になります。商品の運搬に関わる職種では、体力が勝負となります。

◆飲料業界に関わる職種

スーパーやコンビニなど量販店が大きな力をもっているので、商品を売り込む**営業職**は重要な職種です。また、全国に約250万台もある自動販売機に飲料を補充する、**自動販売機補充員**も欠かせません。自動販売機補充員は1箱8キロ以上ある缶飲料の段ボール箱をいくつも運ぶため、体力が必要な仕事です。新しい商品を開発するためには、**研究員**や**調理師**、**管理栄養士**なども関わっています。商品を運ぶ**トラック運転手**、新製品を売るための戦略を考える**マーケティング職**なども、飲料業界で活躍しています。

管理栄養士

※管理栄養士は『日本の給料＆職業図鑑 Plus』118ページに詳しく掲載

第3章

外食・流通系

外食系企業社員

Food Service Company employee

第3章 外食・流通系

人の目なんて気にしないで、思う通りに食べればいいんです

外食系企業

和洋中さまざまな料理を提供する。特別な時間と空間を演出するのも重要なミッションの1つだ。一流のシェフ、パティシエを輩出したり、食の革命をもたらす。合い言葉は「原価率」である。

外食業界の起源

ヨーロッパでは古代から旅行者向けの宿屋兼料理屋があったといわれています。中国では唐の時代の長安の発掘調査で、飲食店の遺構が発見されています。フランスでは18世紀のフランス革命以降、元宮廷料理人たちが各地でレストランを開業したといわれています。日本では、江戸時代の初めに外食業界の原型が誕生します。幕府が開かれ、関東全域から職人や出稼ぎ者たちが大勢江戸に集まりました。そうした庶民の食事場として屋台が登場し、やがて居酒屋などの店舗へと発展していきました。

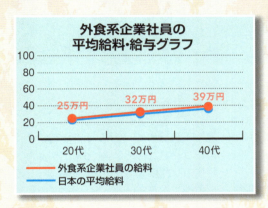

◆外食業界の動向・歴史的背景

18世紀頃、江戸の人口は100万人となり、世界一の大都市となったそうです。それにより外食の需要も増え、産業として定着していきます。醤油が庶民に広がると、屋台形式から店舗形式の店が増え、現在の高級レストランの原型となる料理茶屋、庶民向けの水茶屋なども誕生しました。明治維新により西洋の食文化が流入すると、外食チェーンの先駆けとなる牛鍋屋が生まれました。そして、西洋料理にアレンジを加えた日本独自の「洋食」が生まれ、レストランが各地に広がっていきました。1970年の大阪万博により海外チェーンが日本に上陸し、この年は「外食業界元年」と呼ばれました。現在の外食業界は、新規参入や中食・宅配サービス市場の拡大により競争が激しくなっています。

◆外食業界の規模・特色

景気やライフスタイルに左右されることはありますが、日本人の「食」を支える外食業界の規模は約1兆3200億円で、底堅い業界だといわれています。日本料理店、そば・うどん店、寿司店、西洋料理店、中華料理店などの専門料理店のほか、ファミレス、喫茶店、バー・居酒屋、ファストフードなど、さまざまなジャンルの店が存在します。競争の激しい業界ではありますが、個人でも起業しやすく、新規参入のチャンスは誰にでもあるのも魅力です。開業も廃業も多いのが業界の特徴ともいえます。

外食業界の慣例

薄利多売で過酷な業界だと思われがちですが、堅実な経営をしている企業ももちろんあります。料理も経営もスピードが命で、意思決定が早い企業や店が生き残る世界です。週末がもっとも忙しく、カレンダー通りには休めません。店の繁忙時を仲間のスタッフとともに乗り越えることで、達成感も生まれるといいます。

✦外食業界に向いているタイプ✦

料理人の世界には師弟関係があり、上下関係に厳しい文化が色濃く残っている職場も多くあります。学歴よりも経験がものをいう世界です。下積み時代を乗り切るための忍耐力や向上心、勤勉さのある人が向いているといえます。また、拘束時間も長く立ち仕事となることから、体力があることも重要な資質の1つです。

◆外食業界に関わる職種

外食業界にまず欠かせない職種は、**料理人**やデザートを作る**パティシエ**など実際の調理を担当する人たちです。料理の味は店の経営を左右するほど重要です。店のジャンルによっては**パン職人**、**ピザ職人**など、専門分野をもつ人もいます。また、料理や飲み物を給仕する**ホールスタッフ**、プロデューサーとしての**フードコーディネーター**も外食業界にとっては重要な人材です。店が大きくなれば**経営コンサルタント**が関わるようにもなり、経理を含めた**事務職**、**営業職**、**広報職**などの職種の人も必要になってきます。

フードコーディネーター

経営コンサルタント

※フードコーディネーターは『日本の給料＆職業図鑑 Plus』82ページ、経営コンサルタントは『日本の給料＆職業図鑑』30ページに詳しく掲載

Server
ホールスタッフ

レストランや喫茶店でお客様から料理やドリンクのオーダーを受け、そのオーダーを厨房に伝え、できあがった料理やドリンクをお客様のテーブルまで運ぶ仕事です。ウエイターやウエイトレスとも呼ばれ、高級レストランでは、メニューや料理、ワインなどについて、詳しく聞かれることもあるため、深い知識が求められます。また、海外のお客様が多い店では外国語会話の習得が必要な場合もあります。ファミリーレストランやファストフード店も、ホールスタッフの仕事内容に大きな差はありませんが、お客様の層に違いがあるため、必要なマナーや接客態度、知識などが異なってきます。

待ち人は来られましたか？
えっ♥……
私を待っていた？

ホールスタッフの平均給料・給与
20万円

20代の給料：18万円
30代の給料：22万円
40代の給料：23万円
初任給：16万円～

※給料の算出には求人や口コミ、厚生労働省の労働白書を参考にしております

ホールスタッフの平均給料・給与グラフ

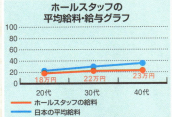

- ホールスタッフの給料
- 日本の平均給料

ホールスタッフ

注文取りなどを得意とする接客系ジョブの1つ。スキル「ジョッキ持ち」は運搬能力を飛躍的にアップさせる。特殊ホールスタッフの「メイド喫茶店員」などにもクラスチェンジが可能。

ホールスタッフになるのに資格や免許は必要ありません。ファミリーレストランや喫茶店なら、高校生でもアルバイトとして働けます。近所のお店で求人の張り紙がないかを確かめたり、店で働いている友達がいれば聞いてみるとよいでしょう。まず、客として来店して、働いているホールスタッフを見ると仕事の雰囲気が感じられます。インターネット上の求人サイトでも時間帯や場所、料理のジャンルなど、さまざまな条件で募集を探せます。

ピザ屋さん

Pizzeria

ピザ屋さんの仕事は、ピザを作り、販売することです。チェーン店と独立店、本格的なピザレストランとテイクアウトや宅配専門店がありますが、どちらにしても、まずはピザ作りを学ぶ必要があります。ピザ職人は、生地作りから生地の伸ばし方とトッピングの仕方、そして着火や火加減などの窯の使い方、ピザの焼き方までを身につけます。その修行はやるべきことを一通り学ぶだけでも1年はかかります。なお、都市部やチェーン店内部にはピザ職人を育成するスクールもあり、比較的短期間で、ピザ生地の粉質や水分量や窯の使い方まで一から教えてくれます。

> アイデアとピザ生地は、発酵させないといいものはできない

ピザ屋さんの平均給料・給与

28万円

- 20代の給料：21万円
- 30代の給料：28万円
- 40代の給料：37万円
- 初任給：18万円～

※給料の算出には求人や口コミ、厚生労働省の労働白書を参考にしております

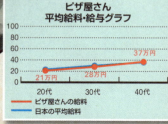

ピザ屋さん 平均給料・給与グラフ

ピザ屋さん

「PIZZA」に特化した料理系ジョブ。世界最高クラスのチーズ量を使いこなす。別名「チーズナイト」。ピザ専用スコップを装備し、灼熱の石窯へ突入する姿は、まさにイタリアンな伊達男である。

ピザ屋さんになるには、ピザ作りに加えて、店舗運営の知識や資金が必要です。レストランならば接客技術も欠かせません。まずは、アルバイトや社員として知識や技術を身につけてから独立すべきでしょう。開業資金には不動産のほか、厨房設備やテーブルといった設備も必要で、小規模のお店でも700万～1000万円程度、チェーン店のフランチャイズオーナーでも、保証金や加盟金だけで約300万～400万円前後はかかります。

Bakery
パン屋さん

パン屋さんの仕事は、パンを製造し、販売することです。早朝からパン生地を仕込み、焼き、陳列まで行い、開店後までほとんどが立ち仕事です。レジや接客も大切な仕事です。多くの種類のパンを店頭に並べるので、その商品名や値段も覚えなければなりません。衛生管理が重要なので、店や厨房の徹底的な清掃も欠かせません。パンはコンビニやスーパーでも手に入ります。独立してパン店を営むならば、美味しさに加えて、お客様が足を運ぶ要素が必要です。そのため、常に新しい商品や陳列のアイデアも求められます。ほかにはない味や店舗づくりのアイデアを考えて、人気店を目指しましょう。

> 涙とともにパンを食べてもらうより、笑顔とともに食べてもらうほうが人生の味がわかる

パン屋さんの平均給料・給与
23万円

20代の給料：22万円
30代の給料：27万円
40代の給料：29万円
初任給：14万円〜

※給料の算出には求人や口コミ、厚生労働省の労働白書を参考にしております

パン屋さんの平均給料・給与グラフ

パン屋さん

ナイツオブクックの1人、別名「ブレッドナイト」。「パン」を精製するジョブ。パン職人スキル「バタール」は、小麦粉・パン酵母・塩・水・モルトのみで美味なパンを生み出すS級スキルである。

パン屋さんとして独立するには、製パン学校か個人店で数年間の修行をします。工場製造では分業制のため、パン作りの一連の作業を覚えられないためです。趣味でパン作りをしていた人が開業するケースもありますが、成功するのはごくまれのようです。開業には店舗を構え、オーブンや道具などをそろえる必要があるため大きな資金がかかります。それでも、作りたいパンを作って販売できるのは何物にも代えがたい魅力があります。

バリスタ

Barista

おもにエスプレッソマシンを使用して、お客様の注文に応じてコーヒーを淹れる仕事です。バリスタという言葉はバールで働く人という意味です。バールとは酒場と喫茶店のよさを合わせた憩いの場であり、発祥地のイタリアには16万店舗あるといわれています。本場のバリスタはそこでエスプレッソドリンクなどのノンアルコールドリンクを作る専門職です。日本にはバールに相当する店がないため、バリスタといっても、カフェでホールスタッフなどを兼ねて働く場合がほとんどです。日本でもコーヒーの味にこだわった本格的なカフェ店が増えてきたので、これから需要が増す可能性があります。

> コーヒーの苦みと苦悩は、強ければ強いほど深みを増す

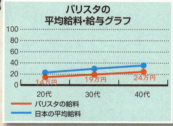

バリスタの平均給料・給与

16万円

- 20代の給料：14万円
- 30代の給料：19万円
- 40代の給料：24万円
- 初任給：12万円〜

※給料の算出には求人や口コミ、厚生労働省の労働白書を参考にしております

バリスタの平均給料・給与グラフ

	20代	30代	40代
バリスタの給料	14万円	19万円	24万円

― バリスタの給料
― 日本の平均給料

バリスタ

ナイツオブクックの1人。エスプレッソマシンを自在に操るジョブ。熱と香りを駆使する味覚の騎士「コーヒーナイト」と称される。スキル「ラテアート」はコーヒーを芸術に変えるアートスキル。

まずは接客マナーを学ぶために、喫茶店などでホールスタッフとして経験を積むことから始めましょう。次にステップアップとして、エスプレッソマシンを使っているカフェやコーヒーショップなどに勤め、一通りカウンター内の作業を覚えてから「日本バリスタ協会」認定のJBAバリスタライセンススクールを受講し、更新前提の修了証を取得します。就職に有利といわれるレベル3のライセンスを得るには実務経験を含めて4〜5年はかかります。

ソムリエ

Sommelier

ソムリエは、レストランやホテルなどでワインを給仕するのが仕事です。料理との相性はもとより、お客様の趣味嗜好を考慮しつつ、その日その場にぴったり合ったワインをチョイスするのが腕の見せ所です。ワインの仕入れやワインセラーの在庫管理、ワインリストの作成なども重要な役割です。ソムリエに求められるのは、ワインに関する深い知識と給仕の技術、そして丁寧な言葉遣いと高度なマナー、接客力です。毎年新しいワインが出されるため、毎日の勉強の積み重ねが欠かせません。職場はイタリア料理店やフランス料理店が中心です。お酒に関わる仕事だけに勤務時間は夜が中心になります。

私がワインをお勧めするときは貴方が恋をしたいと思うときです

ソムリエの平均給料・給与

30万円

20代の給料：15万円
30代の給料：25万円
40代の給料：40万円
初任給：0円〜

※給料の算出には求人や口コミ、厚生労働省の労働白書を参考にしております

ソムリエの平均給料・給与グラフ

年代	ソムリエの給料
20代	15万円
30代	25万円
40代	40万円

― ソムリエの給料
― 日本の平均給料

ソムリエになるために取るべき資格として、一般社団法人日本ソムリエ協会主催の資格試験があります。ワインなどのアルコール飲料を提供する飲食店などで3年以上の実務経験をもち、かつ勤務中であることが一般の受験資格です。ソムリエになるには、受験資格を得るためにも、まず飲食店の求人を見つけることが肝心です。求人サイトや求人誌には多くの飲食店、職種の募集がありますが、できれば、ソムリエ見習いを求める職場を探してみましょう。

ソムリエ

おもてなし系ジョブの1つ。ワインのすべてを熟知する。別名「雰囲気の魔術師」。ソムリエの力でディナーのテーブルは完璧に演出される。マスターソムリエ、プロソムリエなどの多彩なクラスがある。

第3章 外食・流通系

Convenience Store employee
コンビニエンスストア社員

我は、24時間稼働し続ける眠らない街の創造神である

コンビニエンスストア

24時間営業がデフォルトの小売業界の急先鋒。食品から雑貨まで豊富な商品をそろえて常に門を開いている。深夜に住宅街に灯る店の明かりは、孤独な人々に便利さと安心感を与える。

コンビニエンスストア業界の起源

冷蔵庫がまだ普及していなかった1927年、アメリカ・テキサス州に氷小売販売店のサウスランド・アイス社が創業されました。氷の需要の多い夏に週7日、1日16時間店を開けたところ地域住民にとても喜ばれました。その後、住民の要望からミルクやタマゴ、パンなどの販売も始め、便利な店として評判になり、店名を「セブンイレブン」と改め、現在のコンビニエンスストア（コンビニ）の原型ができあがったといいます。1939年には牛乳販売店から「ローソン」が誕生し、アメリカ全土にコンビニ業態が広がっていきました。

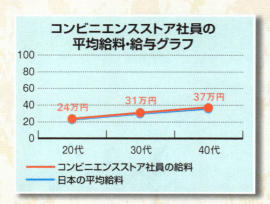

◆コンビニエンスストア業界の動向・歴史的背景

日本ではアメリカから遅れること約30年後の1960年代、コンビニの前身といえる小型販売店が各地にでき始めました。1962年に岐阜県多治見市で、鉄道弘済会によるコンビニのような店舗が開店したのを皮切りに、70年代に入るとココストア、ファミリーマート、セブンイレブン、ローソンが開店しました。その便利さからコンビニは全国に広まりました。フランチャイズチェーン、直営店、独立経営など、経営形態もさまざまです。短期間で急成長を遂げたコンビニ業界ですが、現在は飽和状態にあるといいます。経営統合したり新たなビジネスモデルを取り入れたり、東南アジアを中心に海外進出にも力を入れるコンビニも出てきています。

◆コンビニエンスストア業界の規模・特色

コンビニは全国に5万店舗以上あり、もはや人々の生活には欠かせないインフラの一部となっています。業界規模は約10兆2200億円です。食料品や雑誌、雑貨など豊富な商品を置いているほか、公共料金の支払いや宅配便の荷受けなど、さまざまなサービスも行っています。最近ではプライベートブランドにも力を入れており、コンビニコーヒーなどが話題になりました。大手コンビニチェーンでは「POS情報」によって利用客の嗜好や傾向を細かに分析し、新製品の開発や商品展開に活用しています。

コンビニエンスストア業界の慣例

24時間経営のため夜勤もあり、シフト勤務が基本です。大変な業界ではありますが、アルバイトから正社員になる人も多く、広く門戸が開かれているともいえます。クリスマスケーキやお節など企画商品にノルマがあることもありますが、目標をクリアしたときの達成感は大きく、仲間との連帯感も強くなります。

✦ コンビニエンスストア業界に向いているタイプ ✦

小売業の中では給料も高めですが、深夜勤務やノルマなど労働環境は厳しいことから、心身ともにタフである人が向いているといえます。クレーマーや横柄な客に対処するには、忍耐力も必要になります。今後は増える外国人客や海外進出に向けて、英語力やマーケティング能力がある人も重宝されるでしょう。

◆コンビニエンスストア業界に関わる職種

食品の新商品を開発する際には、**調理師**、**パティシエ**などが活躍し、**管理栄養士**や研究職も働いています。そうした人たちの努力が、地域によって味を変えたり、限定商品を出したり、といった工夫につながっています。オリジナルのパッケージを作るときには**デザイナー**も活躍します。効果的にPRするために**マーケティング職**や**広報職**も重要な仕事です。また、運営資金や経費を計算する**経理職**の仕事も大手チェーン店から個人店まで欠かせません。そのほか、商品を納入する**トラック運転手**、宅配便の**配達員**などもコンビニ業界に関わる職種です。

●不足するトラック運転手

物流業界は深刻な人手不足だといわれているので、トラック運転手を募集している会社は非常に多いです。特に即戦力を求めている会社が多く、この人手不足はこの先も続くと予想されるため、需要はいつでもあると考えていいでしょう

トラック運転手

う。しかし、需要はありますが、労働条件の厳しい会社も多いので注意しないといけません。過酷な労働をさせられているのに給料が低いというケースが多く、転職を繰り返す人も少なくないとか。ただ運べばいいというわけではなく、時間が決められていますし、事故を起こさないように安全運転を心がけないといけないので、体力的にも精神的にも疲労が大きな職業です。トラック運転手になる場合は、適当に会社を選ばずに安心して働ける会社を探すようにしたほうがよいでしょう。

※トラック運転手は『日本の給料＆職業図鑑』102ページに詳しく掲載

Column 2
企業の頼れるパートナー

弁護士

契約書や紛争対応を任せられる「弁護士」、税務関係のすべてを任せられる「税理士」など、企業はたくさんの士業に支えられています。このような士業は、国家資格取得者の中でも、その資格がなければ業務を行うことができない業務独占資格の取得者です。士業は社会的地位や高年収が期待できるとして昔から人気を集めて来ました。国家資格には、司法試験、公認会計士、不動産鑑定士のほか、医師や建築士、気象予報士など幅広いジャンルの資格があります。

法務系の国家資格には、「弁護士」を筆頭に、知的財産権の専門家「弁理士」、法律事務や登記に特化した「司法書士」などがあります。企業を取り巻く環境は目まぐるしく変化しており、法務の専門家は多くの業界で必要とされています。高年収となりますが、その分取得難易度も高いです。

不動産鑑定士

不動産系では、不動産価値を鑑定する「不動産鑑定士」、測量や不動産登記を行う「土地家屋調査士」、不動産取引のプロである「宅地建物取引士」などが有名です。不動産業界は復興事業やオリンピック需要により市場を伸ばしているので、ニーズが高く転職にも有利になります。

会計・財務系なら、税務の専門家「税理士」、会計監査を担当する「公認会計士」、ライフプランの設計を行う「ファイナンシャルプランナー（FP技能士）」などの資格があります。ファイナンシャルプランナーは比較的取得しやすいことから人気があります。

税理士

「国家資格があれば食べていける」というイメージから、不況になると国家資格の取得者が増えるといいます。しかし、取得までに多くの費用と時間を投資しなければならず、確実に高年収になるとも限りません。資格を取るだけでなく、実務スキルを伸ばして人脈を築き、同業者との差別化を図っていくことが今後は重要になるでしょう。

※弁護士をはじめとする士業系職業は『日本の給料＆職業図鑑』に詳しく掲載

第3章 外食・流通系

百貨店社員
Department Store employee

百貨店とは、奇妙で華やかな人生を送った人の大ドラマを集めているようなものだ

百貨店

1つの施設にさまざまな商品を集めて販売する。目利きが集めた商品には「ブランド」としての付加価値を付けることができる。富裕層を選り分けるため、別名「お金持ち判定業界」と呼ばれる。

百貨店業界の起源・動向

18世紀、産業革命により市場主義が発達し、商品が大量に流通するようになりました。するとさまざまな専門店が生まれ、1852年にフランスで「ボン・マルシェ」という世界初の百貨店が開業しました。日本では1904年に三越が誕生しています。小売業界の競争は激しく苦境にある百貨店業界ですが、再編や統合により巻き返しを図っているようです。

◆百貨店業界の規模・特色

豊富な品ぞろえと上品で高級なイメージから、百貨店は庶民の憧れでした。業界規模は約4兆9500億円で、景気や消費動向に左右されやすい業界のため現在は厳しい状況にあります。ショッピングモールの台頭やインターネット通販の登場も百貨店を脅かす存在です。しかし全国から高品質な商材を集め、お客様を最上級の接客でもてなすのは今も昔も百貨店の魅力です。上顧客を相手に直接営業をする外商部など、百貨店ならではの伝統もあります。再編やリニューアルにより各社生き残りをかけて戦っています。

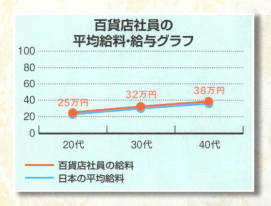

百貨店業界の慣例

女性従業員が多いのが特徴で、エレベーターガールや美容部員などきれいな人も多い業界です。男性従業員は育ちがよくおっとりしたタイプが多く、社内結婚率も高いといわれています。「4番入ります」はトイレ、などの隠語があり、万引きを知らせる合図や、雨のときに流れる音楽なども決まっているとか。

✦百貨店業界に向いているタイプ✦

美的センスがあるのはもちろんのこと、消費の動向を見極めて売れる商品を選ぶ力が必要になります。お客様には常に「笑顔で丁寧に」が基本なので、物腰の柔らかい人やコミュニケーション能力の高い人も向いています。最近では外国人客に対応するため、英語や中国語など語学力のある人も重宝されるようです。

◆百貨店業界に関わる職種

百貨店では洋服（アパレル）が主力商品の1つです。百貨店に入っている各店舗の**ショップ店員**は、販売員として欠かせない存在です。また、化粧品を扱う**美容部員**や、デパ地下の食品を作る**調理人**、上顧客を担当する**外商**、**営業職**や**広報職**の人も活躍しています。百貨店では商品の仕入れを担当する**バイヤー**が重要な役割を果たしています。仕入れルートの開拓や商品の選定を行い、百貨店の売上を左右します。そのほか、配送を担当する**運送業者**、**トラック運転手**なども百貨店業界を支えています。

第3章 外食・流通系

Interior Shop employee

インテリア系企業社員

空間を制する者が、生活（ライフ）を掌握するのだ

インテリア系企業

家具を製造し住空間を演出する。最近の主流は「トータルコーディネート」。最高峰の演出スキルを使い、家の雰囲気に統一感を出す。空間を操り、疲れきった現代人たちに安らぎを与える。

インテリア業界の起源・動向

古代、家具は地位と権威の象徴であり、宗教的役割も担っていました。日本では1300年以上前から神社仏閣の建立に関わった職人たちが調度品を製作し、平安時代には「表具（ひょうぐ）」が、江戸時代には「箪笥（たんす）」が登場しました。大戦後、住宅建築が増加しインテリアへの関心も大きくなりました。近年は各社、ブランド戦略や雑貨の展開に力を入れています。

◆インテリア業界の規模・特色

ライフスタイルが多様化し、人々の住まいへの意識も変化してきました。健康と環境に配慮した心地よい空間を求める人々が増え、インテリア業界はそうした消費者のニーズに応えた商品展開をしています。ベッド・ソファ・テーブル・イスなどの家具から、カーテン・照明器具などの内装品、生活用品を含めた雑貨までも販売する、トータルコーディネートが主流になってきています。一方で、江戸時代から続く表具や木製家具を扱う老舗企業もあります。ニトリが率いる業界規模は約7100億円となっています。

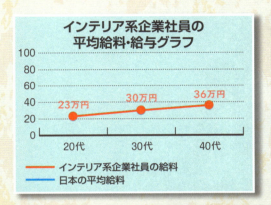

インテリア業界の慣例

引っ越しの多い3月から4月上旬までが繁忙期となります。家具は長く使う大きな買い物なので、1人の接客に1時間以上かけることもあります。「人生の3分の1は睡眠に費やしているんですよ」はベッドを勧めるときに使う常套句だそう。インテリアコーディネーターなど女性が活躍している業界でもあります。

✦インテリア業界に向いているタイプ✦

インテリア業界はライフスタイルに影響されます。時代の流れを読み、消費の動向を見極める目が必要になります。多様な住環境に対応するためには、流行に敏感なだけでなく、伝統的なものへの関心があることも重要です。また、家具を作る職人になるには、手先が器用で修行時代を乗り越えられる忍耐力が必須です。

◆インテリア業界に関わる職種

インテリアコーディネーターは現在のインテリア業界になくてはならない存在です。お客様の嗜好に合わせて住環境をトータルコーディネートします。家具やリネン類をデザインする**デザイナー**も欠かせません。日本の伝統的な家具から、欧米のモダンな家具まで作る**家具職人**も重要な人材です。家具を運ぶ**トラック運転手**も活躍しています。アパレルブランドや家電メーカーとコラボレーションすることもあり、ブランド戦略やPRを行う**マーケティング職**も、今後ますます大きな役割を担うことでしょう。

家電量販店社員

Electronics Retailer employee

第3章 外食・流通系

未来を変えるには今家にある家電を変えるしか方法はない!!

家電量販店

暮らしを便利にする「家電」を扱う。追加されていく機能を熟知する「家電店員」がメーカーの売上を左右することも。最先端の商品を扱うため「アーリーアダプター」（初期採用者）と称される。

家電量販店業界の起源・動向

大正〜昭和初期にかけて電灯が家庭に普及し、電球やラジオなど電化製品を販売する「街の電器店」が生まれました。戦後、家電メーカーが次々に設立され、1960年代の電化ブームでメーカー系列店が増えました。家電量販店は秋葉原など電気街の電器店や電気卸売店が、チェーン展開して誕生。競争は激しく、現在各社生き残りをかけて奮闘しています。

◆**家電量販店業界の規模・特色**
白物家電など電化製品の圧倒的品ぞろえで大きく成長した家電量販店。駅前や郊外に大型店舗があるのが特徴です。業界規模は約4兆3600億円。ヤマダ電機、ビックカメラ、ヨドバシカメラ、エディオンなどが名を連ねています。現在は大手インターネット通販に押され気味ですが、自社でECサイトを開設したり、医薬品や寝具など家電にこだわらない販売戦略で各社しのぎを削って戦っています。店舗でしかできないサービスの強みを生かし、消費者の心をつかむことで、今後も発展していくことでしょう。

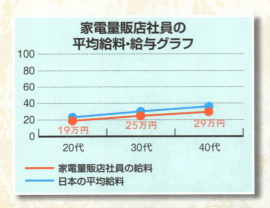

家電量販店業界の慣例

販売スタッフはノルマがあることも多く、営業色が強いのが特徴です。売上目標を達成する社員は着実に出世をしていくそうです。耳に付けているインカムでは、店長からの指示や値段・在庫の確認など情報のやり取りをしています。仕事をしているうちに自然とプレゼン能力が身につき、家電に詳しくなるといいます。

✦家電量販店業界に向いているタイプ✦

次々と誕生する最新テクノロジーや家電の機能を把握しておかなければならないので、勉強熱心な人が向いています。また、接客の力も必要となるため、コミュニケーション能力も求められます。ノルマを達成するには巧みな話術も重要です。外国人客に対応するため、英会話や中国語ができる人も重宝されます。

◆**家電量販店業界に関わる職種**
家電量販店業界は**営業職**が大活躍する業界です。店舗スタッフは営業職であるともいえます。家電を販売するだけでなく、インターネット回線の契約を勧めたり、クレジットカードの入会を勧めたり、多くの営業活動があります。メーカーから応援販売員が派遣されてくることもあります。売れ筋の商品を見極め、メーカーの商品を選択する**バイヤー**もいます。大型家電を配送する**トラック運転手**も欠かせない職種です。店舗が大きくフロアが広いので、**警備員**や**清掃スタッフ**がいることもあります。

第3章　外食・流通系

Apparel Maker employee

アパレルメーカー社員

服を選択することは、己の生き様を選択することです

アパレルメーカー

繊維を駆使し、さまざまな衣服を作る。衣服を作るだけでなくトレンドを生み出したり、前衛的なファッションで「新しい未来」を魅せる。「業界の預言者」といっても過言ではない。

アパレル業界の起源

アパレル生産は人類の誕生とともに生まれたもっとも古い活動の1つです。少なくとも1万年以上前には、人類は植物や動物から繊維を分離採取して布などに加工して用いていたことがわかっています。樹皮の繊維から作られたサンダルや、獣皮や毛皮から作られた服が発見されています。麻やコットン、シルク、ウールなどの天然繊維が専門集団によって大量に生産されるようになったのは今から約5000年前のことです。化学繊維が生まれたのは今から約130年前のことで、それほど歴史は古くありません。

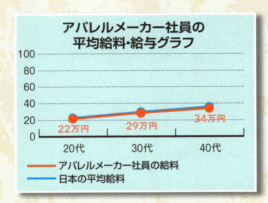

◆アパレル業界の動向・歴史的背景

現在、アパレル産業は既製服生産が主流ですが、かつては手工業によるオーダーメイドの服が生産されていました。18世紀初頭にヨーロッパで初めて既製服が製造販売されるようになり、労働者や下層階級の人々が着用しました。イギリスの産業革命は繊維機械の革新から始まったといわれています。日本では明治時代に軍服や警察官の制服が作られるようになり、繊維産業は殖産興業として経済を支えましたが、一般人はオーダーメイドが基本でした。1960年代になってようやく既製服が市民権を得るようになり、アパレル産業が確立したといわれます。ファストファッションの台頭など、目まぐるしく変化する時代のニーズに合わせることで、不況を乗り越えて生き残ってきた業界です。最近ではインターネット通販も盛んになっています。

◆アパレル業界の規模・特色

衣料の製造、流通、販売に携わるアパレル業界は、景気の直接的な影響を受けやすい業界です。不況になれば買い控えが加速し、好況になればハイブランドが飛ぶように売れます。気候にも左右される業界なので、予測を立てるのが難しいといわれています。業界規模は約3兆100億円。アパレル業界は常に時代の先を読んで商品を作り、トレンドを生み出します。現在はファーストリテイリングが首位を独走していますが、老舗ブランドも多様化する価値観に対応し、海外進出するなどマーケットを広げています。

アパレル業界の慣例

流行色は2年も前に国際流行色委員会によって決定されます。もともと洋服が好きだったり、自社製品を着なければならないなどの理由から、シーズンごとに大量に服を購入する人も多いです。自宅に衣裳部屋がある人もいます。販売店では、衣類を一日中扱うことから鼻の中がホコリまみれになることもあるそうです。

✧アパレル業界に向いているタイプ✧

流行に敏感なのはもちろんのこと、古い価値観にとらわれず新しいトレンドを生み出す発想力のある人が向いています。1つの服を企画、デザインして実際に商品として生産、販売されるまでには、多くの人が関わります。協調性があり、時にはリーダーシップの取れる人が求められます。

◆アパレル業界に関わる職種

洋服を作るのにまず欠かせないのは**ファッションデザイナー**です。トレンドを取り入れ、時には斬新な発想で服をデザインします。そして、デザイナーの考えたラフをもとに、型紙を作る**パタンナー**も重要な存在です。プロのデザイナーには必ず専属のパタンナーがいます。できあがった服を販売する**ショップ店員**も、アパレル業界には大勢います。**カラーコーディネーター**などの資格をもち、コーディネートに生かしている人もいます。広報を担当する**プレス**なども、華やかさから非常に人気がある職種です。

ファッションデザイナー　　　　パタンナー

※ファッションデザイナーは『日本の給料＆職業図鑑』154ページ、パタンナーは『日本の給料＆職業図鑑 Plus』70ページに詳しく掲載

ショップ店員

Shop Assistant

ショップ店員と一口にいっても、衣類や化粧品から、書籍、食品、小物まで扱う商品はさまざまです。いずれにしても確かな商品知識は欠かせません。そして、お客様の要望を理解し、似合う商品を提案したり、お店にないものを取り寄せたりするなど、高い接客技術も欠かせません。また、開店前の掃除や準備、閉店後の片付け、セールやキャンペーンの計画や準備、在庫の整理、売上金の管理などの店舗運営に関する幅広い仕事に携わる場合もあります。長時間の立ち仕事や販売ノルマなど厳しい部分もありますが、人と接するのが好きで、扱う商品のことが好きな人にはぴったりの仕事でしょう。

かかってきなさい。
お似合いの服を選んであげるわ

ショップ店員の平均給料・給与

22万円

20代の給料：21万円
30代の給料：22万円
40代の給料：23万円
初任給：17万円

※給料の算出には求人や口コミ、厚生労働省の労働白書を参考にしております

ショップ店員の平均給料・給与グラフ

ショップ店員

「ものを売る」ことに特化した販売型ジョブ。自社ブランドの知識や衣服を装備し、己自信が看板となる。なだれ込むお客をスムーズにさばくことから「109の闘牛士」と称される。

ショップ店員は求人サイトなどでも常に募集があります。お気に入りのブランドやショップなら、もともと商品知識もあるわけですし、受けてみるのもよいでしょう。アルバイトで働き始め、社員登用される人、店長まで昇格し、そのまま勤務し続ける人もいれば、事務職や管理部門に進む人もいます。接客をはじめ、仕入れ、販売など、幅広い業務に関わる職業ですので、いろいろな道が開けています。努力次第で自分の店をもつことも可能です。

第3章 外食・流通系

商社社員

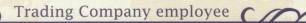
Trading Company employee

己のコンパスに従って人生を旅するのが、商社マンの使命です

商社
貿易や物資の販売に特化した商いをする。魔法の絨毯ではなく、飛行機に乗り世界を渡り歩く。別名「シンドバッドの末裔」。スキル「英語交渉術」はトレードのための必須スキルである。

商社業界の起源

商社の起源ともいえるのは貿易商です。古代から共同体と外部の者との交易を仲介する商人がいました。彼らはやがて貿易商として力をつけ、資金調達や財政管理をすることによって権力者への影響力を強めていきました。中世には世界をまたにかけて活躍し、貿易だけでなく植民地開発にも関与しました。日本で商社が誕生したのは江戸時代末期のこと。坂本龍馬が民間貿易会社「亀山社中」を設立したのが始まりだといわれています。交易の仲介や物資の運搬などで利益を得て、新しい時代の幕開けに貢献しました。

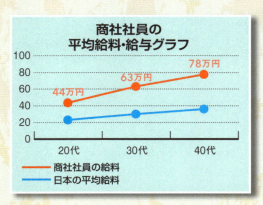

◆商社業界の動向・歴史的背景

明治時代に入ると、現在の大手総合商社の前身である貿易商社の設立が相次ぎました。炭鉱の石炭を独占販売し、政府米の輸出、軍用のラシャ（毛織物の一種）や毛布の輸入など、明治政府の手厚い保護のもとに事業を拡大していきました。また、明治から大正にかけて、繊維系の商社が力をつけ、規模を大きくしていきましたが、その後GHQにより解体されました。規制が解かれると分散していた各社が商号を復活させ、高度経済成長を背景に地球規模のマーケットを育成していったのです。海外における熾烈な資源獲得競争をくぐり抜けながら、他国同士の貿易を日本が仲介する三国間貿易にも乗り出し、ますます存在感を大きくしています。

◆商社業界の規模・特色

商社は、さまざまなメーカーに原材料を販売します。海外でエネルギー資源や金属資源、食料などを大量に買い付けて、それらを用いて製品を作るメーカーに卸すのが基本のビジネスで、総合商社や専門商社が存在します。業界規模は約26兆7600億円です。もともとは原料・加工品の輸出入や仲介売買が業務でしたが、現在は自社で開発や製造を行ったり、物流や販売にまで手を伸ばしています。最近では鉱山や油田に投資して利益を上げ、不動産ファンドなど金融機関としての機能を果たしている企業もあります。

商社業界の慣例

英語は必須条件なので、入社後すぐに英語漬けの研修が始まるといいます。商社というと海外と取引する派手な業務が目立ちますが、昔からのお得意様を大切にする接待などもあります。頭を下げて、時には芸を披露することもあるとか。給料が高く人気の業界ですが、出張も多く業務への責任も重く、大変な仕事です。

✦商社業界に向いているタイプ✦

ビジネスの相手は世界。英語や語学に堪能なのはもちろんのこと、発想力や柔軟性があり、行動力のある人が向いています。協調性も大切ですが、リーダーシップを取って自分の力でビジネスチャンスを掴んでいくことが重要です。世界を飛び回るため、体力がある人のほうがよいでしょう。

◆商社業界に関わる職種

商社を支えているのは、世界中で取引をする**営業職**の人たちです。エネルギー、金属、インフラ、IT、食料などいろいろな分野があり、それぞれを専門とする営業職が活躍しています。数億円規模の取引となることも多く、責任は重大です。ライバルも世界の強敵ぞろいです。また、そうした営業職を助ける営業事務や**貿易事務**の人たちも重要な職種です。電話対応や事務作業、通関の手続きなどデスクワークが基本となります。そのほか、飛行機、船などの運送系の職種も商社には欠かせません。

貿易事務

※貿易事務職は本書24ページおよび『女子の給料＆職業図鑑』20ページに詳しく掲載

第4章

情報通信・印刷・インターネット系

通信会社社員

Communication Company employee

声を届けることは安心させることと一緒である

通信会社

インターネット、電話やメールなどの通信全般を構築する。最近はハードウェア業界と連携して「スマホ」事業が主力になりつつある。「通信」というインフラを担っているため業界規模も巨大。

通信業界の起源

1700年代、電気には高速に伝送されるという特徴があることがわかり、電気を通信に利用する研究が欧米で盛んに行われました。産業革命によって技術革新が起こり、19世紀に入ると電信機が発明されました。欧米では急速に電気通信網の整備が進み、1850年代から60年代の間には世界的な通信網が構築されることになります。日本に電信機が初めて紹介されたのは1854年で、ペリーが2度目に来日した際、徳川幕府に献上されました。1876年には米国で電話機が発明され、人類のコミュニケーションは大きく進歩しました。

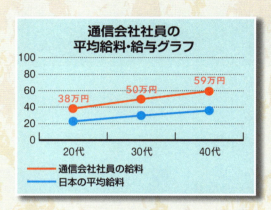

◆通信業界の動向・歴史的背景

19世紀の終わり、明治政府により東京と横浜間に電信線が架設されて公衆電報の取扱いが開始されました。郵便や通信を管轄する逓信省が創設され、通信は産業や国防など広い分野のインフラになることから、国の管理下に置かれました。技術開発にも力を入れ、無線電話の開発など欧米に匹敵する技術力を誇りました。第二次世界大戦にともない通信の重要性が高まると、民間利用は厳しく制限されました。戦後、逓信省は郵政省と電気通信省に分割され、後に日本電信電話公社（電電公社）が発足します。1985年に電電公社が民営化されるまで、100年近く国による通信事業の独占体制が続いたことになります。現在は固定電話、携帯電話、インターネット接続サービスなど重要な社会インフラを各社が提供しています。

◆通信業界の規模・特色

「通信キャリア」とも呼ばれる通信サービス業界。一般的にIT業界内のうち電波塔や電柱など情報通信のインフラを備えた企業が含まれます。携帯電話やインターネット接続サービス、通信ソリューションサービス、通信回線の貸与など、幅広い事業を行っています。業界規模は約10兆4000億円で、NTTドコモ、KDDI、ソフトバンクグループの3強がおもに携帯電話事業で顧客獲得競争を繰り広げています。近年では通信大手が電力サービスに参入するなど、ますます業界規模を拡大しています。

第4章 情報通信・印刷・インターネット系

通信業界の慣例

年功序列の縦割り構造となっているところもあり、給与水準が高く安定しており就職人気は高いです。規制緩和によって増えたベンチャー企業は、能力が高ければ若手でも評価されます。本社勤務、窓口、コールセンターなど、業種や勤務形態もさまざまです。販売代理店によってはノルマがあり、実力主義となります。

✦ 通信業界に向いているタイプ ✦

インフラを担っているというプライドをもち、責任をもって仕事に取り組める人が向いています。コールセンターではクレーマーにも丁寧に対応しなければならないため、ストレス耐性のある人が長く勤めることができます。販売店や営業職はノルマもあるので、セールストークのスキルがある人がよいでしょう。

◆通信業界に関わる職種

携帯電話の**販売店スタッフ**や、インターネット回線の契約を勧める**営業職**が、身近なところで活躍しています。顧客からの質問などを受け付けるコールセンターに勤める人は「**テレホンオペレーター**」と呼ばれます。顔が見えない分、話し方や声のトーンなどに気を配らなければなりません。物理的に通信回線を引く工事を担当するのが、**電気工事士**です。一般家庭や商業施設などの配線作業やコンセントの増設工事を担当します。また、高所作業車に乗って電柱に登り、配電工事を行うこともあります。

電気工事士

※電気工事士は『日本の給料&職業図鑑』98ページに詳しく掲載

テレホンオペレーター

Telephone Operator

お客様への電話対応が仕事です。仕事内容には「インバウンド」と呼ばれる受信業務と、「アウトバウンド」と呼ばれる発信業務があります。インバウンドはお客様からの電話を取り、商品の案内や注文の受付などを行い、記録を端末に入力するのがおもな仕事です。アウトバウンドはお客様に電話をかける業務です。アンケート調査や、新商品の紹介などを行います。契約数ノルマや成果報酬制の職場もあります。コミュニケーション能力や、正しい敬語や言葉遣いなど、ビジネスマナーを身につけるには最適の職場ですが、一方で理不尽なクレーム対応など、精神的に辛いこともあるようです。

自分が本当に幸せにしてあげられると思うから電話を待てるんです

テレホンオペレーターの平均給料・給与

24万円

20代の給料：20万円
30代の給料：24万円
40代の給料：27万円
初任給：20万円～

※給料の算出には求人や口コミ、厚生労働省の労働白書を参考にしております

テレホンオペレーターの平均給料・給与グラフ

	20代	30代	40代
テレホンオペレーターの給料	20万円	24万円	27万円

凡例：テレホンオペレーターの給料／日本の平均給料

テレホンオペレーター

電話系ジョブ。理不尽なクレームにも真摯に対応し、対応マニュアルを作る。怒涛の勢いで電話をする姿から「不屈の電脳戦士」と呼ばれることも。スキル「真心対応」はクレームを感謝に変える秘技だ。

テレホンオペレーターは求人も多く、仕事に就くのはそう難しくありません。また、時給は比較的高めです。これはお客様の声を受けるという企業イメージに関わる部署だからです。ほとんどの場合、しっかりとしたマニュアルがあり、マナー研修や個人情報を扱うためのセキュリティ研修も行われます。電話対応業務のため髪型や服装が自由な会社も多く、働く時間帯を選べる職場も多いため、若者から主婦層までアルバイトとして人気があります。

第4章 情報通信・印刷・インターネット系

Printing Company employee

印刷会社社員

常に人の隣に居続けたモノは、光ではなく"紙"です

印刷会社

「紙」に命を吹き込み、きらびやかな世界を魅せる。紙の種類は幅広く、専門書から広告チラシまでさまざま。出版業界と蜜月関係にあることから、「業界のオシドリ夫婦」と呼ばれることも。

印刷業界の起源・動向

7世紀に中国で木版印刷が誕生し、遅くとも奈良時代には日本に持ち込まれました。江戸時代は本屋＝出版業者が印刷も行っていましたが、明治初期には印刷業者として分離しました。活版印刷、写真植字と変遷し、1990年代に普及したDTP（デスクトップパブリッシング）が業界に激変をもたらしました。現在、培った印刷技術を他分野に生かすなど、各社生き残りをかけて奮戦しています。

◆印刷業界の規模・特色

用紙・塗料を仕入れ、印刷・製本など加工を施した印刷物を納入する印刷会社。企業数としては小規模事業者が大半を占めますが、売上では凸版印刷、大日本印刷が圧倒的なシェアを誇っています。多くの印刷会社が最大手2社の下請けや孫請けになっており、競争と相互依存・分業体制による階層ができあがっているといいます。業界規模は約3兆3100億円です。出版不況にともない縮小傾向にありますが、特殊な印刷に特化して専門性を高めたり、他事業に展開したりと、各社工夫を重ねて経営努力をしています。

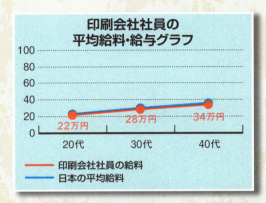

印刷会社社員の平均給料・給与

31万円

20代の給料：22万円
30代の給料：28万円
40代の給料：34万円
初任給：20万円

※給料の算出には上場企業のIR情報を参考にしております

印刷業界の慣例

紙の繊維の流れを意味する「目」、中央のとじ部分を指す「のど」、本の背の部分を圧縮してできる「耳」など、多くの業界用語が存在します。会社によって校正の独自ルールがあることもあります。紙を触ると質感や厚みを無意識に確認してしまうようになるとか。画集の仕事は印刷屋の本領が発揮できるそうです。

✧印刷業界に向いているタイプ✧

かつては手作業で印刷していたものも、現在ではコンピューターで管理をしています。デザインやDTPなど、パソコンのスキルが必要になります。いくら手作業が減ったとはいえ、細かな色彩を見分けたり、微妙な色味を調整したりするには人の目と技術が必要です。職人気質の人が向いているといえます。

◆印刷業界に関わる職種

大日本印刷と凸版印刷が印刷業界の二強。実際の印刷の現場では、デザイン、DTP、製版、印刷などの工程があり、**グラフィックデザイナー**や**DTPオペレーター**といったそれぞれ専門知識をもった職人が担当し、活躍しています。また、**出版社**からの仕事や、一般企業の広告制作の仕事を取ってくる**営業職**も印刷業界には欠かせません。大手印刷会社では、機能性フィルムや画像処理ソフトなど新しい技術を開発するための研究職も活躍しています。

第4章 情報通信・印刷・インターネット系

IT企業社員

IT Company employee

インターネットは未来に希望を見せてくれるが希望をもち続けられるかはあなたの行動次第だ

IT企業

さまざまなプログラミング言語を用いて「情報」を制御し、企業・個人を問わず多くのサービスを提供する。失敗を恐れないイノベーティブな人が集まるため「業界における前衛的存在」と呼ばれる。

IT業界の起源

1950年代から、アメリカを中心に既存インフラであったテレックス網などを利用しコンピューター間の通信が行われてきました。インターネットが誕生したのは1969年のこと。ARPANETというネットワークを使い「LOGIN」と送信しようとして、「LO」の2文字が送信されたところでクラッシュしたそうです。1970年代に開発されたインターネット・プロトコル・スイート（TCP/IP）は1983年、UNIXに標準実装され、1980年代後半から90年代にかけて営利目的のインターネットサービスプロバイダ（ISP）が多数登場しました。

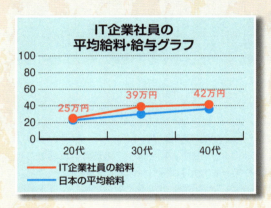

◆IT業界の動向・歴史的背景

1984年から1991年に存在したJUNETが日本のインターネットの起源といわれています。JUNETとは、日本の学術組織を結んだ研究用のコンピューターネットワークのことです。慶應義塾大学と東京工業大学を学校側の許可なく接続したのが最初で、それを行った村井純は日本のインターネットの父とされ、「ミスター・インターネット」と呼ばれています。1989年にIPアドレスの割り当てが始まり、1993年に郵政省によってインターネットの商業利用が許可されました。ITの需要は日々増しているので、今後も業界の発展が予測されます。しかし近年、中国やインドの企業が参入してきて世界的に競争は激しくなっており、海外企業に対抗するビジネスモデルを構築することが急務となっています。

◆IT業界の規模・特色

国内の13～59歳までのインターネット利用率は9割を超え、スマートフォンの普及によりさらに勢いを増し、拡大傾向にあるIT業界。業界規模は約10兆1600億円です。ポータルサイト・検索サイトを運営する企業や、動画配信サービスを行う企業、インターネットを通じて商品やサービスの取引を行うネット通販系企業など、一口でIT企業といっても業態はさまざまです。通信機器や家電などあらゆるものをインターネットに接続する技術IoT（Internet of Things）の開発が進み、さらなる発展が見込まれます。

IT業界の慣例

能力が重視され、優秀な人はヘッドハンティングされます。専門的な知識も身につくことから就職人気も高くなっています。人材は流動的で、転職組でもすぐに溶け込むことができる雰囲気のある業界です。「リスケ」「コンセンサス」「プライオリティ」など、カタカナ語が飛び交うのもIT業界の特徴でしょう。

✦IT業界に向いているタイプ✦

日本の伝統的な年功序列社会ではなく、成果主義をとっている企業が多いので、ベンチャー精神のある人が向いているといえます。実力主義の世界で勝ち残るには、知識が豊富なのはもちろんのこと、タフさも必要になります。時代の流行や消費動向に敏感で、新しい技術を取り入れる行動の速さも求められる業界です。

◆IT業界に関わる職種

IT企業には多くの職種の人が関わっています。サイトを1つ作るのにも、**WEBデザイナー**、**WEBプログラマー**、**WEBディレクター**など専門的な知識をもつ人々が必要です。また、市場動向やアクセス解析などを行う**WEBアナリスト**も、マーケティングの専門家として重視されるようになってきました。一般企業と同様、**営業職**や**広報職**なども欠かせません。最近では**ポータルサイター**や**YouTuber**、**インスタグラマー**など、インターネットを通じて自ら情報を発信することを職業とする人々も登場し、IT業界は大賑わいです。

WEBディレクター　　　　　　　WEBプログラマー

※WEBディレクターは『日本の給料&職業図鑑』10ページ、WEBプログラマーは同書12ページに詳しく掲載

ソーシャルメディアプランナー

Social Media Planner

ソーシャルメディアプランナーはソーシャルメディア（ブログ・SNS・動画配信サイトなど）を媒体に、eマーケティングやデータ収集および分析、そしてレポーティング業務を行います。新しいSNSやモバイルコンテンツの知名度を上げるなど、ネット上でのブームを仕掛ける役割も担います。その1つがバイラル（口コミ）を起こすことです。ソーシャルメディアは進化を続けており、必要な知識やノウハウも日々更新されます。また、こうした媒体は結果がすぐに出るため、厳しいビジネスではありますが、最先端の情報や技術を操り、世の中を動かす喜びには代えられないという人が多いようです。

信頼に足る情報かどうかをあなたは見極められますか？

ソーシャルメディアプランナーの平均給料・給与

36万円

20代の給料：26万円
30代の給料：34万円
40代の給料：50万円
初任給：22万円～

※給料の算出には求人や口コミ、厚生労働省の労働白書を参考にしております

ソーシャルメディアプランナーの平均給料・給与グラフ

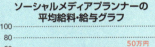

- ソーシャルメディアプランナーの給料
- 日本の平均給料

ソーシャルメディアプランナー

ネットが産んだコミュニティ兵器「SNS」を駆使し、世の中にバイラルを巻き起こす。異名は「デジタルワールドの申し子」。「いいね！」「RT」「はてぶ」「ハッシュタグ」とさまざまなスキルをもつ。

ソーシャルメディアプランナーは、広告代理店やマーケティング企業、コンテンツ配信企業などに入社し、PRプランナーやマーケッター、コンテンツ制作者など、ソーシャルメディアを扱う部署に従事して、知識や技術を習得した人がなる場合が多いようです。また、新しい職種だけに、経験者は転職支援サイトなどでも好待遇で求められています。ネットを活用したビジネスと同じく、進化し続ける将来性のある職業といってよいでしょう。

ソフトウェア会社社員

Software Company employee

第4章 情報通信・印刷・インターネット系

未来に巨大な足跡を残すには、過去のデータとプログラミングを知らなければならない

ソフトウェア会社

電子機器のすべてはここから始まるため「始まりをもたらす者たち」と呼ばれる。さまざまな機能をプログラミングによって実現させる。高度な言語を扱うため、「宇宙言語」を操る日も近いとか。

ソフトウェア業界の起源

1940年代半ばに初めて電子式計算機が誕生し、同時にソフトウェア開発も始まりました。1947年にフォン・ノイマンがフローチャートを考案し、それを基に入力装置、出力装置、中央演算装置（CPU）、主記憶装置（メインメモリ）などから構成されるコンピューターが生まれました。間もなくコンピューターの処理をまとめて行うOSが誕生し、やがて利用者の目的に応じた機能を提供するアプリケーションソフトウェアが開発されるようになりました。ソフトウェアの開発は今でも進化し続けています。

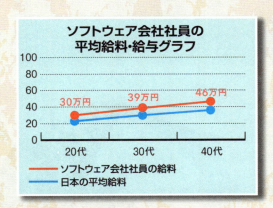

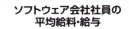

ソフトウェア会社社員の平均給料・給与
41万円

20代の給料：30万円
30代の給料：39万円
40代の給料：46万円
初任給：26万円

※給料の算出には上場企業のIR情報を参考にしております

◆ソフトウェア業界の動向・歴史的背景

コンピューターを開発していたIBMから独立した、エルマー・クビーとジョン・シェルドンの2人が、1955年にコンピュータ・ユーセージ社（CUC）を設立しました。これが、世界初のソフトウェア会社であるといわれています。日本では1966年に、最初の独立系ソフトウェア会社、コンピュータ・アプリケーションズが誕生しました。同じ年に富士通・日立製作所・NEC・日本興業銀行の共同出資による国策ソフトウェア会社の日本ソフトウェアが設立されました。やがて独立系ソフトウェア会社に加え、コンピュータメーカー系のソフトウェア会社も次々と設立され、競争しながら成長していきました。各社特色のあるソフトウェアを開発し、業界内のシェアを争っています。

◆ソフトウェア業界の規模・特色

パソコンやスマートフォンを動作させるソフトウェアは、基本ソフトのOSとアプリケーションソフトウェアがあり、またその中間に位置してアプリの制御を行うミドルウェアがあります。OSでは海外のマイクロソフト社が圧倒的ですが、アプリケーションソフトウェアでは日本企業も国内で活躍しています。業務ソフト、会計ソフト、スマホアプリ、情報家電、画像編集ソフトなど、さまざまなソフトウェアがあります。業界規模は約8兆800億円、近年ではクラウド、ビッグデータ、セキュリティなどの分野が注目されています。こうした分野をいかに収益化するかが、成長の鍵となりそうです。

ソフトウェア業界の慣例

人材不足が続いているといいます。そのためスキルのある人は引く手あまたです。納品直前は遅くまで残業をすることもあり大変ですが、自分のプログラムにはこだわりとプライドをもっているプログラマーが多いです。「プログラムは思った通りには動かない。書いた通りに動く」という名言があるそうです。

✧ソフトウェア業界に向いているタイプ✧

新しい技術や情報を素早くキャッチし、柔軟に対応していける人が求められます。また、プログラムを作る上では論理的な思考が欠かせず、集中力のある人が向いているといえるでしょう。文系でもプログラマーやデザイナーとして活躍している人もいますが、圧倒的に理系大学出身者が多い業界です。

◆ソフトウェア業界に関わる職種

ソフトウェア業界でまず活躍しているのは、**プログラマー**です。そのほか、仕様書を作成してプロジェクトの中核を担う**システムエンジニア**も業界には欠かせない職種です。経験を積むと**プロジェクトマネージャー**になります。働く会社によって、仕事内容は異なり、自社ソフトの専門家としてシステム開発をするのが基本となりますが、メーカー系の会社では銀行や官公庁などのシステムに組み込まれるソフトを作ることもあります。そのほか、仕事を受注するためには**営業職**の努力も必要です。

システムエンジニア

●システムエンジニアがもつべき資格

ITコーディネーターの資格はあったほうがよいでしょう。システム全体のデザインができる資格です。プロジェクト計画段階で、リスクに応じて擬似的なシステム設計もするため、システムアナリストの資格、プロジェクトマネージャーなども必要です。データベースのテクニカルエンジニアは、総合的な知識としてあるとよいでしょう。Oracleなどのベンダー資格は、これからはもっていないとバリューがありません。ソフトウェア開発技術者や、基本情報技術者などは、企業に雇用されて資格を取るイメージです。とはいえ、上記すべてをもつのは困難ですので、その時代で人気がある資格をもつのがいいですね。

※システムエンジニアは『日本の給料&職業図鑑』14ページに詳しく掲載

Master of affiliate
トップアフィリエイター

アフィリエイトとは、WEBサイトやブログ、SNSやメールに広告を掲載し、製品やサービスに興味をもってくれた人が購入してくれることで報酬を得る仕組みです。物品販売以外にも、ポイント交換サイトを運営し、ユーザーがポイントサービスに申し込むことで報酬が入るかたちもあります。アフィリエイターの中には月収数億円と豪語する人もいますが、実際はアフィリエイトのノウハウを商材として販売したり、ネットビジネスのセミナーで稼いでいる人もいるようです。また、実際に稼いでいる金額を確認できないため、そうした商材やセミナーの真偽もはっきりとしていません。

> 白黒をつけるよりも灰色を選ぶことは報酬にも人生にもよい結果となる

トップアフィリエイターの平均給料・給与
146 万円

20代の給料：146万円
30代の給料：146万円
40代の給料：146万円
初任給：——

※給料の算出には口コミやアンケートなど参考にしております

トップアフィリエイターの平均給料・給与グラフ

- トップアフィリエイターの給料
- 日本の平均給料

トップアフィリエイター

WEBの知識、ライティング技術を駆使するジョブ。属性は「闇」。一人作業が多く、孤高の戦士と呼ばれる。孤独の中で磨き上げたスキルは、サラリーマン100人分の稼ぎを作り出すことも可能だ。

アフィリエイトは誰でも始められます。ホームページを作り、ASP（アフィリエイトの広告代理店）に申し込み、広告を設置します。サイトを見た人が広告をクリックして、商品を購入したり、サービスに申し込むと手数料を受け取れます。パソコンやスマホがあれば誰でも始めることができ、リスクも少ないため、副業で行っている人は大勢います。そうした人たちの中から、収益が見込めるようになって、専業にするパターンが多いようです。

第4章 情報通信・印刷・インターネット系

ハードウェアメーカー社員

Hardware Maker employee

すべての機能を実装したとき、新たな時代の幕開けとなるだろう

ハードウェアメーカー

複雑な言語を走らせ、ソフトウェアの便利さを最大限に引き出す。異名は「業界の鍛冶屋」。ハードウェアとソフトウェアの融合によって生み出された製品群は「すべての礎（いしずえ）」といっても過言ではない。

78

ハードウェア業界の起源

第二次大戦中、軍事目的でアナログ・コンピューターの開発が進みました。戦後になって、アメリカで真空管を使った世界初のデジタル・コンピューターであるENIACが完成しました。真空管1万8000本以上を使った大規模なもので、当時の電子計算機の1000倍の速さで演算する能力をもっていたといいます。その後、フォン・ノイマンらの提案によるプログラム内蔵方式を採用したコンピューター EDSACが1949年に完成すると、この方式のコンピューター開発が進み、各メーカーは競って製品化するようになりました。

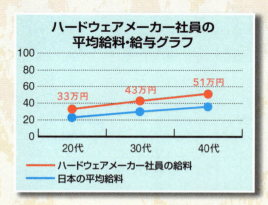

◆ハードウェア業界の動向・歴史的背景
日本では、戦前及び戦時中に機械式計算機やアナログ・コンピューターの研究開発は行われてきました。電子式のデジタル・コンピューターは終戦直後に開発が開始されます。当時の通商産業省（現在の経済産業省）はコンピューターの国産化に強い関心をもっており、各メーカーの開発を後押ししました。アメリカのIBM 650を上回るコンピューターを国内の大手電機メーカーで分担して開発することが決定し、各社で開発が開始。80年代以降にはパーソナル・コンピューターが広まり、どんどん市場を拡大させていきました。最近では端末の多様化にともないパソコン部門は縮小傾向にありますが、スマートフォンやタブレット、電子機器、ロボットなどの分野に事業を展開しています。全世界的にハードウェア業界は今後も成長していくことは間違いありません。

◆ハードウェア業界の規模・特色
テレビ、パソコン、スマートフォン、タブレットなど、電子機器そのものを作るのがハードウェア業界です。ITが深く生活に浸透し、家電もハードウェアに加えられるようになりました。現状ソフトウェア業界のほうが人口も多く活発ですが、どんなに高性能なソフトが作られても、それを搭載するハードがなければ機能しないため、ハードウェア業界はIT分野すべての基盤となる業界でもあるといえます。国内メーカーの業界規模は約1兆300億円。現在は、ハードウェアメーカーのほとんどが外資系企業となっています。

ハードウェア業界の慣例

ハードウェア業界は技術系の職人も活躍している業界で、昔ながらの徒弟制度のような雰囲気があります。ハンダ付けなど、その人にしかできない精密な技術や能力をもっている職人が多いそうです。エンジニアの設計が複雑で難解だと、現場からは「頭の中を覗いて実装したい」と声が漏れることもあるとか。

✦ハードウェア業界に向いているタイプ✦

ハードウェアに組み込むシステムやプログラムを作るためには、論理的な思考が必要です。顧客の求めるものをどうすれば実現できるのか、柔軟な発想でアイデアを出せる人が求められます。製品ができるまでに多くの人が関わるので、コミュニケーション能力もあったほうがよいでしょう。

◆ハードウェア業界に関わる職種

ハードウェア業界ではハードウェアを設計する**エンジニア**が大活躍しています。アイデアや企画を形にするために、**回路設計士**が電気回路や機構を設計し、**工業デザイナー**がデザインを考えます。また、ハードに組み込むシステムを設計する**システムエンジニア**もいます。プログラミングに精通しており、システム工学の知識があることが必須です。ハードにはソフトも欠かせません。ソフトウェアを作る**プログラマー**もハードウェア業界にとっては必要な人材です。

●資格不要な回路設計士

回路設計者になるのに、必須な資格はありません。もちろん、回路についての理解や電子機器についての理解は必要になります。ハンダ付けなど、実際に回路を組み立てていくことを自分ですることもあるでしょうから、そういった技術も必要です。しかし、技術力が高くなければいけないということではありません。回路設計士を募集しているところは、研修が比較的しっかりと行われる傾向があるので、回路設計の技術などは後から付いてくることが多いそうです。自分に向いているかどうかだけ、しっかり判断して就職および転職をするとよいでしょう。回路を作っていく仕事は、順序立てて道筋を作っていく仕事でもあります。物事の因果関係を考えたり、解明するのが好きな人が向いているでしょう。

●工業デザイナーの役割

工業製品などのデザインを手がけるのが、工業デザイナーです。ジャンルとしては、プロダクトデザインなので、自動車設計、カメラ、電化製品など非常に幅が広いのが特徴です。機能性、利便性など、人間工学にも通じる普遍的なデザインを追求します。特に巨大な工業製品などでは、後世に長く愛されるデザインが求められます。単に美しさを求めるだけでない、製品デザインは、開発に関するあらゆる分野に関わるので、産業にとって中心となる立場ですね。企業内ではチームでデザインを担当するのが一般的ですが、フリーランスの有名工業デザイナーとなれば、製品デザイン全体の決定権をもつことができます。

第 5 章

娯楽・
エンターテインメント・
メディア系

レジャー系企業社員

Leisure Industry employee

真の富とは余暇をどのように使うかで決まる！

レジャー系企業

余暇の使い方を教え人々を幸せにする。現実を忘れさせることから、「業界の夢遣い」と呼ばれることも。恋や絆、不安を取り除くなどさまざまな魔法を人々に振りかける「幼精」と呼ばれる社員が属している。

レジャー業界の起源・動向

18世紀後半の産業革命によって、機械が効率的に作業を行うようになり、労働時間が短縮されました。自由になる時間ができると、労働者はスポーツや観劇などの娯楽を楽しむようになりました。やがてテーマパークが誕生し、日本では鉄道の発展とともに遊園地が各地に作られるようになります。近年では訪日客も取り込み市場拡大を狙っています。

◆レジャー業界の規模・特色
遊園地や動物園、水族館など観光を柱とした娯楽施設がレジャー業界の中心です。キャラクターや世界観を楽しむテーマパークのほか、職業体験型施設や目新しいイベントを開催する施設が全国にあります。業界規模は約7000億円です。東京ディズニーリゾートを運営するオリエンタルランドが売上シェアおよそ50%という独走状態が続いています。景気に左右されやすい業界ですが、随時新しいアトラクションを導入したり、季節感を出した演出をしたりすることでリピーターを獲得し、業績を維持しています。

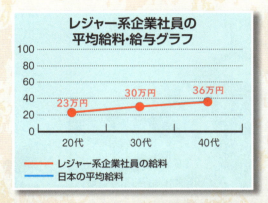

レジャー業界の慣例
大手に比べ、地方の施設は給料が低い傾向があります。しかし、子供たちの笑顔に癒やされることから、仕事が好きだという人が多いようです。施設には独自の世界観があり、忍者や妖精の格好をしたりすることもあります。恥ずかしいのは最初だけで、慣れてくると役になりきるのが誇らしくなるといいます。

✦レジャー業界に向いているタイプ✦
基本的にはサービス業となるため、接客の好きな人が向いています。テーマパークは子供が多く来る場所なので、笑顔で明るく接することが基本となります。働くうちにコミュニケーション能力が鍛えられます。また、お客様に満足していただくためには、気配りも必要です。ホスピタリティ溢れる人が向いています。

◆レジャー業界に関わる職種
キャストと呼ばれる接客スタッフは、アルバイトから社員登用されることもある職種です。テーマパークではキャラクターを演じる役者が活躍し、かぶり物をする**スーツアクター**や**ダンサー**なども世界観を盛り上げます。施設内のレストランでは**調理師**が料理を作り、施設全体を**清掃スタッフ**が常に清潔に保っています。写真撮影をする**カメラマン**や、パーク全体の美術を担当する**アートディレクター**、アトラクション内で流れる映像を作る**映像クリエイター**など、多くの職種が関わっています。

旅行会社社員

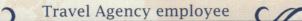
Travel Agency employee

旅をすればするほど
己の小ささに気づき、
そして成長できる

旅行会社

温泉旅行・アウトドア・海外旅行を企画し旅のサポートをする。活躍する舞台は地球であるため「地球を熟知する者」と呼ばれることも。今後は宇宙への旅立ちを企画する可能性もある。

旅行業界の起源

かつては多くの国において移動の自由は制限されていました。そのため、人々は宗教的な巡礼や神社仏閣などへの参詣を理由にして、旅をしました。古代エジプトでは神殿への巡礼というかたちをとった観光が行われていた記録があります。江戸時代、日本では江戸から地方へ通ずる街道の自由な往来は禁止されていましたが、神社仏閣を巡る信仰目的の旅ということで、お伊勢参りや四国の金毘羅参りなどが盛んに行われました。信仰を深めるために始まった旅も、やがて物見遊山の観光旅行に変わっていきました。

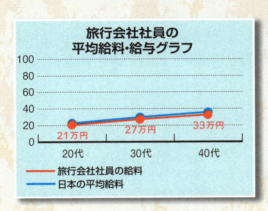

◆旅行業界の動向・歴史的背景

約160年前、イギリスのトーマス・クックが企画した、禁酒運動の集会への鉄道利用団体旅行が旅行業の始まりといわれています。日本では、お伊勢参りや四国のお遍路で「御師」や「先達」など旅を世話する仕事が生まれ、明治時代に入り鉄道が開通すると、お伊勢参りも団体で行うようになりました。1905年（明治38年）、滋賀県草津駅構内で弁当屋を営んでいた南新助は、列車を使っての団体旅行の斡旋を始め、日本初の旅行会社を創業しました。平成に入りインターネット専門の新しいかたちの旅行会社も生まれました。合併やグループ化など業界再編が進み、各社新しいビジネスモデルの構築を目指しています。

◆旅行業界の規模・特色

旅行業界は国際情勢の影響を受けやすく、戦争や災害、感染症の流行などによって業績が左右されます。業界規模は約2兆4900億円で、ライフスタイルの多様化にともない、旅行の傾向も変化しています。最近では団体旅行は減っていますが、団塊世代を中心に日帰り個人旅行が増えていたり、若者が海外旅行から国内旅行にシフトしたりしています。各社趣向を凝らしたプランを用意し、時代の変化に対応しています。2020年には東京オリンピックの開催を控え、訪日外国人旅行（インバウンド）市場の拡大など、観光先進国となるため国を挙げて業界を盛り上げています。

旅行業界の慣例

旅行業界は多忙で不規則なことから、離職率も高いです。その反面、若手が多く自由闊達な意見が言えるというメリットもあります。大手では女性が評価される環境が整っています。添乗業務はトラブルが発生したりと大変なこともありますが、お客様が心から旅行を楽しんでくれることで苦労も吹っ飛ぶといいます。

✦旅行業界に向いているタイプ✦

自分自身も旅が好きで、より安全で楽しい旅行を企画したい、という人が就職してくる業界です。経験や知識も役に立ちますが、ツアーに集客させるには発想力も必要になります。何よりもお客様に対する気配りが大切になるため、ホスピタリティ精神のある人が向いているといえるでしょう。

◆旅行業界に関わる職種

まず、**ツアープランナー**がパック旅行やツアーなど旅行のプランを企画します。そして、**広報職**が雑誌などに情報を掲載して宣伝し、窓口で働く**営業職**がその旅行商品を販売します。ツアーによっては、**ツアーコンダクター（添乗員）**が同行することもあります。スケジュールの管理やホテルやレストラン、観光地などへの案内、現地での手配などを行います。国内旅行であれば、**バスガイド**が観光案内をしたりします。航空業界、鉄道業界、レジャー業界とも関係が深く、多くの職種の人々が関わっています。

●国内添乗員と海外添乗員の給料

国内添乗員のほとんどはバスガイドなどの職種になります。高齢者向けの安いパックツアーが多いため、給与もその分低く、月給では15万〜17万円の例もあります。一方、海外添乗員の多くは、添乗員派遣会社からの派遣社員が最近では多く、1日8000〜9000円、最大で1万7000円前後が多いです。海外添乗員は、日本添乗員協会などの試験を受け、しばらくはベテラン添乗員のアシスタントになりますが、この時、年間稼働日数が200日未満の場合、日当がよくても、年収で見ると250万〜300万円未満になることもあります。1日1万5000円以上をとれるベテラン添乗員の数は非常に少ないといいます。また、国際紛争などの影響があった場合、6か月間、ひと月10日程度のツアー1本となることもあるそうです。

Bus tour conductor
バスガイド

バスガイドは、観光バスや貸切バスに乗車して、観光地の情報を提供したり、車窓から見える景色について案内をしたり、乗客が楽しく快適に旅を過ごせるようにする仕事です。乗客といってもさまざまです。家族連れ、社員旅行、修学旅行など、目的に合わせた各種車内サービスやレクリエーションを行う必要があります。外国からの観光客が多いツアーなら語学の習得も必要になるでしょう。また、下車誘導をはじめ、乗客の体調管理やツアー旅行の時間調整、工程管理などのサポート業務も大切な役割です。安全かつ快適で楽しい旅行を支えていくため、運転手とともに全力を尽くします。

右手側をご覧くださいませ。あなたの将来を映してございます

バスガイドの平均給料・給与
25万円

20代の給料：15万円
30代の給料：25万円
40代の給料：30万円
初任給：10万円〜

※給料の算出には求人や口コミ、厚生労働省の労働白書を参考にしております

バスガイドの平均給料・給与グラフ

（20代：15万円、30代：25万円、40代：30万円）
― バスガイドの給料
― 日本の平均給料

バスガイドになるには、ハローワークや各バス会社のホームページで求人を探しましょう。求人サイトにはあまり掲載されません。求人数は少ないため、志望する会社のホームページなどをチェックするのがよいでしょう。採用試験においては、観光地の知識などは入社後に勉強するので、詳しいに越したことはない程度です。それよりも面接においてコミュニケーション能力や、不意の出来事への対応力をアピールできるとよいでしょう。

バスガイド
観光接客系ジョブの1つ。観光スポットや地域の歴史を紹介する。スキル「歌」は、バスの雰囲気にプラス補正をかける特殊スキル。バス運転手との連携スキル「時間通り」も見ものだ。

バス運転手

Bus Driver

バスに乗客を乗せて目的地まで安全に運行するのが仕事です。大きく分けて、路線バス運転手と観光バス運転手があります。路線バスは地域住民の足となって定刻に決まったルートを走る「乗合バス」です。公益性が高く、自治体をはじめ、私鉄系やタクシー系など地域に根差した企業が経営している場合がほとんどです。観光バスは旅行などで利用される「貸切バス」です。バスガイドや添乗員が一緒に乗車することもあります。そのほかにも学校や病院、スイミングスクールや自動車教習所、介護施設、温泉旅館などの送迎バスもあります。いずれにしても、安全運転への意識と技術は必須です。

バスに乗ってただ景色を見るということを最近していますか？

バス運転手の平均給料・給与

32万円

20代の給料：29万円
30代の給料：31万円
40代の給料：34万円
初任給：15万円

※給料の算出には求人や口コミ、厚生労働省の労働白書を参考にしております

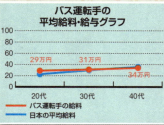

バス運転手の平均給料・給与グラフ
— バス運転手の給料
— 日本の平均給料

バス運転手

運転士5傑の1人。専用クラスは「バス」。深夜バス、市営バスなどさまざまな職種がある。スキル「経路暗記」はマストスキル。また「定時運行」や「安全優先」など強力な運転術をもっている。

バスの運転手になるには、大型第二種自動車運転免許が必要です。取得費用が高額なため、採用条件は普通自動車免許所持として、入社後に会社負担で免許取得を行う会社もあります。バス業界は中途採用が非常に多い業界ですが、新卒採用で若手を育てる企業も増えています。乗客の命を預かるため、面接も厳しく行われます。安全運転には技術に加えて体力も必要ですし、体調管理も重要と大変ですが、人々に感謝されるやりがいのある仕事です。

映画監督

Movie Director

映画監督は、映画の撮影現場における責任者です。原作や主演が決まってから、監督が指名されることもありますが、基本的に映画の内容については全権をもっています。キャストやスタッフの決定にも大きな権限をもち、カメラマンや脚本から助監督に至るまで、常に同じスタッフが担当する場合も多くあります。撮影現場では演出の指揮や出演者への演技指導を行います。映画では主役、脇役、エキストラ、小道具、大道具、背景まで、画面に映るすべてのことに注意しなければいけません。完成ビジョンをしっかりと思い描けて、なおかつ、その実現には広く細かい配慮のできる人が向いています。

赤ちゃん・動物・モノに勝る役者はこの世にいない

映画監督の平均給料・給与

29万円

20代の給料：29万円
30代の給料：29万円
40代の給料：29万円
初任給：29万円

※給料の算出には求人や口コミ、厚生労働省の労働白書を参考にしております

映画監督の平均給料・給与グラフ

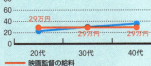

— 映画監督の給料
— 日本の平均給料

映画監督

別名「映画を統べる者」。演出がそのまま画面に映し出されるため、映画＝監督ともいえる存在。秘技「ドスのきいた声」は、周囲を意図的に緊張させ、俳優やスタッフの潜在能力を最大限まで引き出す。

映画監督になるのに決まった道はありません。大学の映画学科などを卒業した人もいれば、映像とは無関係な学校を出て一流の監督になった人もいます。役者やミュージシャン出身者も、テレビCM制作出身者もいます。共通しているのは映画が好きなことくらいです。日本でも海外でも、自主映画祭やコンテストで名を上げて、商業作品に登用される監督も大勢います。まずは自分なりに映画を撮ってみることから始めてみましょう。

第5章 娯楽・エンターテインメント・メディア系

映画会社社員

Movie Company employee

夢を見せ、
夢に生きるためなら、
命をかけられる

映画会社

映画配給や映画の制作に携わる。別名「業界のゴールドラッシュ」。映画がヒットすると莫大な興行収入を得る。テレビやおもちゃ、ゲームなどに波及し一大ブームを作ることも可能だ。

映画業界の起源

19世紀前半に完成された写真技術を応用することで、映写機の技術開発が始まりました。1893年、アメリカのエジソンが自動映像再生機（映写機）・キネトスコープを一般公開しました。これは、スクリーンに映写するのではなく、箱の中を覗き込むかたちのものだったそうです。そして1895年にフランスのリュミエール兄弟がキネトスコープを改良し、映像をスクリーンに投影するシネマトグラフ・リュミエールという複合機を開発しました。同年、12月28日にパリのカフェで試写会を開いたのが「映画の誕生」といわれています。

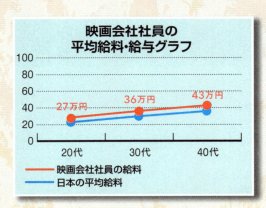

◆映画業界の動向・歴史的背景

日本映画の歴史は明治時代に遡ります。1899年（明治32年）に、東京歌舞伎座で短編ドキュメンタリー映画が上映されたのが始まりといわれています。1903年（明治36年）には浅草に日本で初めての映画常設館「浅草電気館」が開設され、楽士の伴奏がついた無声映画が上映されました。1912年（大正元年）には既成の映画会社4社が合併して、日本初の大手映画会社「日本活動写真株式会社（日活）」が誕生しました。撮影所システムが導入され、1950年代にかけて映画業界は大いに盛り上がりを見せます。しかしその後、テレビ放送に押され観客動員数が減少しました。最近はシネコンの拡大や邦画の健闘により少しずつ盛り返してきています。映画館各社は体験型システムを導入したりなど、付加価値の向上を目指しています。

◆映画業界の規模・特色

映画業界は「製作」「配給」「興行」の3部門によって構成されています。売上の半分を興行がもっていくことから、その3部門すべてを担う東宝、東映、松竹やカドカワなどの大手と、ほかの零細制作会社の売上の差は非常に大きくなっています。しかし、単館系映画からヒット作が生まれることもあるので、夢のある業界です。業界規模は約6800億円です。デジタル化が進み作品数は激増し、誰でも映画が撮れる時代が到来しました。大画面テレビやスマートフォンの普及により映画鑑賞の選択肢も増えています。

映画業界の慣例

才能次第で出世や注目のチャンスがあるのが映画業界の魅力です。エンドロールに自分の名前が流れると感動するといいます。カメラマンを「キャメラマン」と呼ぶなど、独特の慣習が残る業界です。助監督から下積みをして映画監督になるのが普通でしたが、最近はいきなり監督デビューする人もいます。

✦映画業界に向いているタイプ✦

映画業界は、学歴や資格は関係なく、才能とセンスで勝負する世界です。独特の発想力があり、それを表現する能力、技術のある人が向いているといえます。センスを磨くのも努力のうちなので、幅広いジャンルにアンテナを巡らせて情報を吸収し、作品を作り続ける努力が重要です。

◆映画業界に関わる職種

映画の製作には、まず**映画監督**、**脚本家**、**プロデューサー**などが携わり、作品を練り上げていきます。脚本が完成すると、撮影に向けて準備が始まります。ロケ地を決める際には、自治体のフィルム・コミッションに協力を仰ぎます。撮影現場では**助監督**、**録音技師**、**カメラマン**や小道具・大道具などの**美術スタッフ**、**衣装**、**ヘアメイク**などが裏方として活躍し、**俳優**が役を演じます。スタッフや役者に食事を提供する**ケータリングスタッフ**も欠かせません。映画が完成すると**営業職**が配給に奔走し、**広報職**が宣伝をします。多くの職種の人々に支えられて、観客の元に映画が届けられます。

俳優

●ハリウッドの脚本相場

世界的に有名な映画作家の脚本料は原稿1つで約100万ドル（約1億1300万円）になり、賞を受賞するとボーナスとしてかなりの額が上乗せされるそうです。映画脚本の売買も盛んに行われており、その価格は10万ドル（約1130万円）〜300万ドル（約3億3900万円）以上と幅があります。テレビドラマの場合、最低ランクの「スタッフ・ライター」でも1シーズンあたり9万6000ドル（約1080万円）となるそうです。ハリウッドは厳格な契約があり、脚本家の地位も認められています。日本では2時間の映画だと、50万〜100万円、商業映画の規模によっては200万円〜といわれています。事前に契約を結ぶことなく、口約束で仕事をすることがほとんどだそうです。

※俳優は『日本の給料＆職業図鑑』67ページに詳しく掲載

第5章　娯楽・エンターテインメント・メディア系

ドローン操縦士
Drone Pilot

ドローンと呼ばれる無人航空機を操作するのが仕事です。手のひらに乗る小型のものから軍事用の大型のもの、バッテリー搭載型やガソリンエンジン型まで、多くの種類が存在します。ドローン操縦士は、フライト撮影（空撮）を行うのが一般的です。カメラを搭載したドローンを操作し、有人飛行機では難しい地形や自然の撮影を行います。具体的には、災害が起きたときに上空から被害確認をしたり、建設会社が構造物の点検や測量などに用いたりします。その他、農薬の散布や貨物運搬など、さまざまな分野がドローンの採用を始めており、今後の伸びが期待できます。

空への自由と引き換えに、大地での不自由を感じている

ドローン操縦士の平均給料・給与
28万円

20代の給料：22万円
30代の給料：28万円
40代の給料：35万円
初任給：20万円～

※給料の算出には求人や口コミ、厚生労働省の労働白書を参考にしております

ドローン操縦士の平均給料・給与グラフ

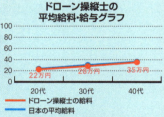

- ドローン操縦士の給料
- 日本の平均給料

ドローン操縦士

小型遠隔操作機器「ドローン」を駆使する後方支援型ジョブ。スキル「空撮」はドローン操作とカメラワークを併せた高難度技だ。近距離の空を制することから、「近空の王者」と称される。

ドローン操縦士になるために資格は必要ありませんが、民間企業が実施している検定がいくつかあります。なお、プロになるには50時間以上の経験が必要といわれています。活躍中のドローン操縦士には、ドローン製造会社から独立した人や、建築関係に勤める人などがいます。ドローンがさまざまな業種に広まるとともに法整備も進んできました。今後、ドローンの必要性が増し、操縦士が増えるにつれて、公的資格も検討されていくことでしょう。

ゲーム会社社員

Game Maker employee

サラリーマンを勇者や戦士に
クラスチェンジさせることが
私たちの使命です

ゲーム会社

「ゲーム」という新しいエンターテインメントで人々を魅了する。テレビ業界・レジャー業界・旅行業界などがライバルだ。ゲーム業界はスマホと連携し、未来の主力業界の1つになる。

ゲーム業界の起源

ゲームは太古から人々の娯楽として存在していました。紀元前3500年頃の古代エジプトにはすでにボードゲームがありました。テレビゲームのルーツは1958年アメリカのウィリアム・ヒギンボーサム博士が開発した「Tennis for Two」といわれています。コンピューターソフトとしてのゲームは、マサチューセッツ工科大学で人工知能を研究していたスティーブ・ラッセル氏が作った「Spacewar!」です。その後、業務用ゲーム（アーケードゲーム）と家庭用ゲームで市場が分かれていきました。

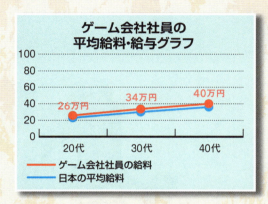

◆ゲーム業界の動向・歴史的背景
1970年代、ショッピングセンター内やビルの屋上にある遊技場が、メダルゲームなどのアーケードゲームが遊べる場所でした。70年代後半になるとビデオゲーム機が登場、スペースインベーダーがヒットし、ゲームセンターが生まれました。80年代に入ると家庭用ゲーム機、ファミコンが爆発的に普及。90年代には携帯型ゲーム機がヒットし、プリクラや格闘ゲーム、音楽ゲームなども人気となりました。プレイステーションを代表とする高画質・高性能の家庭用ゲーム機も登場し、長らく任天堂の独走状態でしたが、ソニーが台頭し首位に躍り出ました。2000年代に入るとオンラインゲームが定着し、2010年代以降ソーシャルゲームが大きな市場になっています。

◆ゲーム業界の規模・特色
日本発のゲーム機が世界中で大ヒットし、スマートフォン向けのソーシャルゲームが急成長するなど、ゲーム業界は日本経済にとって重要な産業の1つとなっています。業界規模は約2兆9100億円。ほかの業界と比べると就労者の平均年齢も若く、新規参入も多くなっています。競争は熾烈であり、各社メガヒットを狙って新しいコンテンツを常に模索しています。数年単位で新しい技術を搭載したゲーム機が登場し、大きな経済効果を生んでいます。VRなど新しい技術の投入や、アジア市場への展開も注目されています。ゲームは時代とともに変化し続けており、さらなる発展が予測されます。

ゲーム業界の慣例

もともとゲームやアニメが好きだという人が就職する傾向があるため、「コミケ」など大きなイベントがある時期には有給消化率が高くなるといいます。開発の現場は激務となることもありますが、ゲームがヒットすると苦労も報われます。発売直後の週末はバグ報告が気になって匿名掲示板を覗いてしまうそうです。

✧ゲーム業界に向いているタイプ✧

世の中で今何が流行っているのか、消費者のニーズをキャッチし、時流を見極める情報収集能力の高い人が向いています。納期がタイトになることが多いので、時間管理や体調管理がきちんとできることも必須です。ゲーム制作にはチームで取り組むことから、コミュニケーションスキルの高い人が求められます。

◆ゲーム業界に関わる職種

ゲームのテーマや世界観、設計図ともいえる構成案を考える**ゲームプランナー**がゲーム業界には欠かせません。ゲームプランナーの作った仕様書にもとづいて、**ゲームクリエイター**がゲームを作ります。**シナリオライター**が関与することもあります。予算やスタッフ配置、スケジュールを管理する**ゲームプロデューサー**、キャラクターなどをデザインする**デザイナー**、プログラミングをする**プログラマー**、音楽や効果音を作る**サウンドクリエイター**など、さまざまな職種の人たちがゲーム制作の工程に携わります。

ゲームプランナー

●ゲームプロデューサーの条件

ゲームプロデューサーは、経験が命であり、学歴はあまり気にされないようです。運営開発を全体的に指揮するという、とても重要な役割であるため、学歴よりも経験が重視されるのです。ゲームプロデューサーになるためには、まずゲーム業界に入りましょう。プログラミングの知識など、ゲーム業界に必要な知識を蓄え、業界に入ります。ゲーム業界には年功序列の考え方はあまりなく、若手でも優秀な人材はどんどん上に上がっていくこともできます。早々にディレクターを経験して、プロデューサーに抜擢されるというような人もいます。プロデューサーになるには、まず経験を積まなければならないのです。そうして、会社から信用される人材になる必要があります。下についたスタッフの能力を生かすも殺すもプロデューサー次第です。

※ゲームプランナーは『日本の給料＆職業図鑑 Plus』58ページに詳しく掲載

Column 3
クリエイティブな仕事

ライトノベル作家

「好きなこと」を仕事にでき、オンリーワンの作品を創り上げるクリエイティブな仕事は、誰でも一度は憧れることでしょう。歌手や女優など表舞台に立つ仕事から、ゲームクリエイターやライトノベル作家など作品を制作する仕事まで、いろいろな種類の職業があります。華やかなイメージがありますが、実際には長い下積み期間が必要だったり、クライアントからの無理難題に応えなければならなかったり、大変なことも多いのがクリエイティブな仕事です。

広告業界や放送業界など、世間へ情報を発信していく業界に、クリエイティブな仕事は多く存在します。広告などのビジュアルデザインは消費者へ直接訴えるものであり、クリエイターの力が欠かせません。「モデル」や「カメラマン」「グラフィックデザイナー」「コピーライター」などの専門職のほか、そうしたスタッフを統括して作品や商品のデザインの責任を負う「アートディレクター」といった仕事もあります。
大手広告代理店からフリーランスまで、多くのクリエイターが働いています。

コピーライター

近年特に人気が高いのは、アニメやゲーム業界に関わる職業です。「アニメーター」や「ゲームクリエイター」「サウンドクリエイター」など、好きなことをそのまま仕事にする人が多いのが特徴です。「声優」に憧れる若者も多いですが、最近は芸能人やタレントの参入で競争は激化しています。アニメ・ゲーム業界は目指す人も多い反面、離職率も高く、現場で働くクリエイターの待遇改善が課題となっています。

アニメーター

クリエイティブな仕事というのは、芸術的なセンスや斬新な発想力に加えて、技術やスキルも必要になります。実力社会であり、成功する人はほんの一握りという厳しい世界です。しかし、自分の創造したものを世間に広めるというのは、とても面白くやりがいがあります。短い人生、悔いのないように、クリエイティブな仕事にチャレンジしてみるのもよいかもしれません。

※ライトノベル作家は『日本の給料&職業図鑑 Plus』54ページ、コピーライターは同書127ページ、アニメーターは同書57ページに詳しく掲載

TV Station employee
テレビ局社員

> テレビの役割、テレビの使命って何なんだ!!

第5章　娯楽・エンターテインメント・メディア系

テレビ局

すべての真実を映し出すテレビカメラを使い、世間に絶大なる影響を与える。個性を強みとすることができ、自分自身を武器として戦う。真実と嘘を見抜ける力がなければ生き残れない。

テレビ業界の起源

テレビは画像そのものを電気信号に変換して、再生するという原理です。1897年にドイツの発明家ブラウンによって、電気信号を光の像に変換する「ブラウン管」が発明されました。1925年にはイギリスのベアードがニポー円盤による機械方式のテレビ実験に成功しました。日本では電気工学者の高柳健次郎氏らがテレビ開発に取り組み、1926年12月25日、世界で初めてブラウン管による「イ」の字の電送・受像に成功し、テレビの歴史が始まりました。日本はやがて世界最高水準（当時）の全電子式テレビ受像機を完成させました。

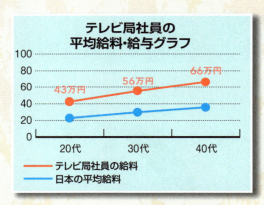

◆テレビ業界の動向・歴史的背景

1925年、東京放送局がラジオ放送を開始し、翌年、日本放送協会（NHK）が発足しました。欧米各国でテレビ放送の実用化準備が進められるなか、日本でもテレビの開発と実験が開始されました。1940年には日本初のテレビドラマの実験放送も行われましたが、1941年に起こった戦争でテレビの研究は中断を余儀なくされ、実用化は1946年の研究解禁を待つことになります。1953年2月1日、NHKがテレビ本放送を開始し、その半年後には日本テレビ（NTV）が民放初の放送局として放送を開始しました。やがてカラーテレビが登場し、ビデオや衛星チャンネルが生まれました。現在はハイビジョンで液晶、薄型、大画面が主流であり、全放送がデジタル放送になりました。テレビは時代とともに進化しているのです。

◆テレビ業界の規模・特色

業界規模は約1兆8700億円で、公共放送のNHKのほか、日本テレビ、テレビ朝日、TBS、テレビ東京、フジテレビの民放5局、それらの系列局、ケーブルテレビ局などがあります。最近ではインターネット放送局もあります。そしてテレビ局の下請けとして番組制作会社が多数存在します。最近は視聴率が低下し、経営の迷走や広告収入の減少が報道されていますが、各社番組の改編や改革の努力をしています。ネット配信など新しいサービスが始まり、高精度の4K放送、8K放送など技術革新も進んでいます。

テレビ業界の慣例

キー局と下請け制作会社では年収や待遇に差がありますが、どちらも激務で、フットワークの軽い人が重宝されます。深夜や早朝の番組に対応するため、不規則な勤務形態となることもあります。しかし、テレビだからこそできる企画や番組は世間への影響力も大きく、夢を抱いて業界に飛び込む人はあとを絶ちません。

✧テレビ業界に向いているタイプ✧

斬新な発想力のある人が、放送作家やディレクターに向いています。荒唐無稽に思える企画でも、視聴者にヒットしブームを巻き起こすこともあります。ただし、プロデューサーになるとそうしたアイデアを現実的な予算でどう実現するかを考えなければならないので、冷静な判断力と実行力が必要になります。

◆テレビ業界に関わる職種

テレビ業界には多くの職種の人が関わっています。テレビ番組の統括責任者である**テレビプロデューサー**や、演出を担当する**ディレクター**、撮影する**カメラマン**、音声を録音する**音声技術者**、大道具や小道具などの**美術スタッフ**がいます。また、**放送作家**や**脚本家**など台本を書く人もいます。**アナウンサー**がニュースを読み、**役者**や**お笑い芸人**、**アイドル**などが表舞台に立ち番組やドラマを盛り上げ、彼らを**ヘアメイク**や**スタイリスト**がより華やかにします。その影で、**アシスタントディレクター**が活躍しています。

●テレビ局のアシスタントディレクターの仕事

アシスタントディレクターの仕事は、その名の通り、ディレクターの補佐です。番組制作におけるさまざまな仕事（おもに雑用）を任されます。収録現場や制作現場における備品（スケッチブックやマジック、ガムテープなど）の用意と整理、カンペ持ち、キュー出し、テロップ入れなどの編集作業など、山のように仕事があるのです。番組によっては、アシスタントプロデューサーの補佐をすることもあり、出演者のスケジュールを調整、取材先との交渉、ロケ車両の発注なども行います。ロケに参加する人の人数を計算し、弁当を発注するのも仕事です。弁当のセンスがよければ、現場から思わぬ好印象をもらえることもあります。全員の移動と食事を担うので、重要な仕事です。

アナウンサー

※アナウンサーは『日本の給料＆職業図鑑』68ページに詳しく掲載

TV Producer
テレビプロデューサー

テレビプロデューサーは、テレビ番組の制作を統括する責任者です。企画の決定、予算の管理、スタッフやキャストの決定、スケジュール管理などを一手に担う番組の最高権力者です。番組制作の進捗状況に目を光らせて、予算内で収めて、納期に間に合わせるよう知恵を働かせます。主要スタッフと打ち合わせをし、タレントの所属事務所に出演交渉を行い、番組の放送が終わった後のクレーム対応まで、あらゆる責任を引き受け、番組制作を支えます。常に「思い通りになる楽しさ」と「思い通りにならない難しさ」との間で揺れ動き、変わりゆく状況に臨機応変に対応できる能力が必要な仕事です。

テレビプロデューサーの平均給料・給与
83万円

20代の給料	53万円
30代の給料	70万円
40代の給料	83万円
初任給	―

※給料の算出には求人や口コミ、厚生労働省の労働白書を参考にしております

テレビプロデューサーの平均給料・給与グラフ

- テレビプロデューサーの給料
- 日本の平均給料

テレビプロデューサー

メディア三天帝の1人。番組企画からスポンサー探しまで、テレビ番組の核を担うジョブ。番組すべての責任を負う。テレビを駆使した圧倒的な拡散力から「拡散皇帝」と称される。

テレビプロデューサーになるには、テレビ局に入社し、社内で昇進する必要があります。制作部署に配属されて、まずはアシスタントディレクターとして働き、次にディレクターに昇進し、経験を積んでプロデューサーになります。テレビ局に入社するには有名大学を卒業し、高倍率な入社試験をパスする必要があります。番組制作会社に入る道もありますが、局のプロデューサーに比べて、権限も影響力も小さく、番組の予算と日程管理がおもな仕事となります。

新聞社社員

情報は人を生かしも殺しもする。
常に公正であれ！

新聞社

取材によって得た情報を朝と夕方に新聞によって広める。記者クラブによって政府ともコネクションをもち、放送業界にも絶大な影響力を誇る。情報を武器に世間を渡る「業界の諜報員」。

新聞業界の起源

紀元前59年、古代ローマで世界初の手書き新聞、通称「アクタ・ディウルナ」がカエサルによって創刊されました。政治的な理由やカエサルの人気を誇示するために作られた新聞でしたが、政庁の発表や冒険談なども掲載され話題となりました。印刷技術とともに経典やビラが刷られるようになりましたが、影響力の強さから印刷物の発行は権力者によって制限されました。1600年代にようやくヨーロッパで印刷された新聞が発行されるようになりました。日本では江戸時代に不定期発行の瓦版が生まれ、幕末に新聞が誕生しました。

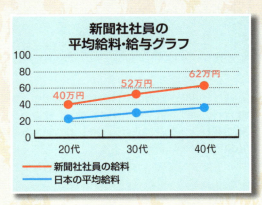

◆新聞業界の動向・歴史的背景

江戸時代末期、英字新聞が日本で発行されるようになり、やがてオランダ語の機関紙を和訳した新聞が発行されるようになりました。明治時代に入ると文明開化の流れで多数の新聞が刊行され、1870年代前半には日刊紙が立て続けに創刊されました。政治色が強くなると政府による新聞規制が強くなり、戦争中は特に厳しく統制されました。戦後、特色ある地方紙や業界紙が発行され、新聞業界は賑わいを見せます。1950年代になると各新聞社はこぞってテレビ局を設立し、放送業界にも大きな力をもつようになっていきました。現在はインターネット配信など、時代の変化に各社対応しています。新聞の購読者は減少しても、新聞業界のもつ発言力はいまだ健在です。

◆新聞業界の規模・特色

新聞は、取材をして執筆した記事を編集、印刷し、系列販売店などを通じて販売されます。国内全域が対象の全国紙と、地域ごとに発行されるブロック紙、地域密着の地方紙、スポーツ新聞などがあります。日本の新聞社は記者クラブ制度によってニュースソースを独占してきましたが、官僚寄りの報道になりがちだと批判も多く、改革が望まれています。業界規模は約1兆7500億円ですが、インターネットの登場などメディアが多様化し消費者の新聞離れが進んだことで市場規模は縮小傾向にあります。

新聞業界の慣例

新聞記者は特ダネを手に入れるためなら、時間を問わず取材に行かねばなりません。朝刊に間に合わせるためには深夜1時半頃が最終版の締め切りとなることから、不規則な生活になりがちです。常に呼び出しに備えて、携帯の電波があるところにしか行かないなど、日頃から気を配っている人が多いそうです。

✦新聞業界に向いているタイプ✦

いち早く最新のニュースを流すためには、常にアンテナを張りあらゆる情報に敏感でなければなりません。学力、知力があるのはもちろんのこと、社会情勢に関心が強いことが重要な資質となります。また、公正・中立な視点をもつことも求められます。特ダネを手にするためにはフットワークの軽さや人脈も必要です。

◆新聞業界に関わる職種

新聞業界は広告業界や印刷業界とも関係が深く、多くの職種の人が関わっています。**新聞記者**が取材し執筆した記事が紙面に掲載され、新聞の質を高めます。そして**報道カメラマン**の撮った写真が真実味を強め、人々の感情に訴えかけます。また、4コマ漫画を担当する**漫画家**や、連載小説を執筆する**小説家**なども新聞に関わる職種です。新聞社には編集面の最高責任者である**主筆**がいます。主筆は論説を担当する新聞社や出版社にしかない特別な役職で、社長や上級役員が就任するのが一般的です。

●新聞記者のハードな仕事

新聞記者の仕事は一般の会社員に比べれば、かなりハードなほうでしょう。新聞記者は常に情報に対して敏感にアンテナを張っていなければいけません。さらに、記事の締め切りもかなりシビアです。情報の鮮度が落ちないよう、他者に先を越されないように早く取材に行って早くまとめて早く入稿しなければいけないのです。しかし、記事の品質も落としてはいけませんから、それなりに時間をかけなければいけない。そのために、睡眠時間や食事時間をかなり削っているようです。食事はものすごいスピードで食べるというような話もあります。そんな激務だからこそ、「辞めたい」と思うのは当然のこと。それでも新聞記者が存在し続けるのは、とてもやりがいのある仕事だからかもしれません。

●戦場カメラマンになるには

報道カメラマンの中でも特殊な戦場カメラマン。ほとんどが非正規の契約社員扱いで、実質個人事業主と変わらないようです。最初は大手新聞社との委託契約や、週刊誌などと専属契約し、紛争地への取材依頼に少しずつ対応して、戦場カメラマンとなります。センセーショナルで、貴重な危険地域の画像、映像を集めて、マスメディアに売り込むのがおもな仕事です。フリーで売り込むなら、2年間ほどは、年収40万円前後（不定期で毎月、数万円程度の写真単価しか付きません）が続くそうです。経験が5年以上で、出版社や新聞社で名前が売れてくると、紛争地域や戦争状態の国への取材で年間700万円、月収60万以上確保できる年もあるそうです。取材のすべてが自費なので、まずはその捻出に別の仕事をしているケースが非常に多いようですね。

新聞社主筆
Chief-Editor of Newspaper

主筆とは新聞社の編集業務や論説における最高責任者です。すべての新聞社が主筆を置いているわけではなく、その定義も各社で多少異なりますが、論説やニュースを含め、新聞の意見や紙面づくりの方針を決めるという点は共通しているようです。ある新聞社では、主筆の指導のもとで、役員や各局長が定期的に集まり、紙面構成や論調、全体のまとめ方を取り決めているそうです。一般企業の最高責任者は社長や筆頭株主ですが、新聞社では、言論の自由や編集の独立、責任体制を守るため、経営とは切り離して主筆が編集面の最高責任者を担っています。

ペンは剣より強いが
ペンと剣を融合すれば
さらに強い

新聞社主筆の平均給料・給与

183万円

30代の給料：――
40代の給料：――
50代の給料：183万円
初任給：――

※給料の算出には求人や口コミ、厚生労働省の労働白書を参考にしております
※年代ごとの平均金額がないためグラフはありません

主筆のほとんどが新聞記者からキャリアをスタートさせ、論説委員をへて主筆に上り詰めます。そのため、新聞社主筆になるには、新聞社、特に編集局に入社する必要があるといえるでしょう。主筆を置いているのはほとんど大新聞社であり、原則的に記者は新卒で入社します。四年制大学または大学院卒業が応募条件となります。新聞社の社長や上級役員が就任する場合も多いので、入社後は出世競争を勝ち抜くことが必要です。そのため主筆は50歳以上が多いです。

新聞社主筆

新聞記者を統率する編集長。別名「情報皇帝」。スキル「一次情報」で新しい情報を常に仕入れる。新聞社によってそれぞれの色（思想）があり、権力を監視する機能も有する。

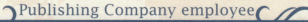

出版社社員

運命や希望に出会える人が一人でも増えるように一冊でも多く「本」を刷るのです！

出版社

さまざまな情報を収集し、本として記録を残す。漫画、図鑑、ビジネス、小説などジャンルは多岐にわたり、いろいろなログを取り編集するため「業界のログテイマー」と呼ばれる。

出版業界の起源

中国で7世紀頃に木版印刷が生まれ、経典が刷られました。日本には遅くとも奈良時代には伝来し、木版印刷は仏教と結び付いて仏典の製作に多用されています。その後も鎌倉時代、室町時代に仏教書が多数出版されました。1450年代にドイツのグーテンベルクによって活版印刷の技術が完成されるとヨーロッパでは聖書が広く普及し、出版産業が栄えていきます。日本には安土桃山時代にイエズス会の宣教師によって「金属活字」が持ち込まれ、江戸時代に入ると印刷技術の発展とともに商業出版を行う業者が生まれました。

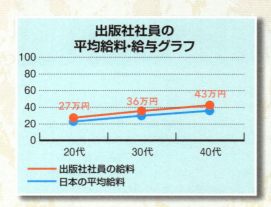

◆出版業界の動向・歴史的背景

江戸時代、数多くの版元（出版業者）が生まれました。日本で初めて商業出版を行ったのは、1603年（慶長8年）、『太平記』を出版した京の冨春堂といわれています。別の説では、1609年に『古文真宝後集』という本を版行した本屋新七ではないかともいわれています。江戸時代の出版業者は本屋でもあり、印刷から販売まで行い、書林、書肆、書物屋などさまざまに呼ばれました。明治時代になると出版と印刷の分離が始まり、出版と販売、さらに新本と古本と分かれていきました。大戦中、出版事業は規制されましたが、戦後さまざまな統制が廃止されると出版社が激増し、出版業界は活性化していきます。近年はメディアが多様化したことにより活字離れが問題になっています。

◆出版業界の規模・特色

書籍や雑誌の企画・制作・販売を行う業界です。業界規模は約5000億円となっています。スマートフォンやタブレット端末が普及したことで書籍離れが深刻化していますが、コミックスは売上を維持しています。各社デジタルメディアや電子書籍事業に展開したり、他業種の企業と経営統合するなど努力をしています。出版だけでなく、通信教育、チケット販売、カーナビの地図データベース事業など、多角展開している企業が業績を伸ばしているので、新たなビジネスモデルの構築が生き残りの鍵となりそうです。

出版業界の慣例

部署によっては休日に出勤したり、校了間際は徹夜となることもあるなど、知力とともに体力も求められる業界です。苦労した分、自分が担当した書籍が重版されると大きな喜びとなります。ベストセラーが出ると類似本が蔓延するのも業界の特徴です。大手出版社はいまだに日本トップクラスの年収を誇ります。

✦出版業界に向いているタイプ✦

トレンドに応じた書籍を作るためには、時代の流行や消費動向を敏感に察知する能力が必要になります。ヒットを生み出すには、柔軟な発想力も欠かせません。書籍を作る過程には作家を筆頭にカメラマンやデザイナーなど個性的なクリエイターも多く、彼らをまとめるコミュニケーション能力の高さも求められます。

◆出版業界に関わる職種

小説、ライトノベル、雑誌、漫画、ムック本など、書籍には多くのジャンルが存在し、それぞれにいろいろな職種の人が関わっています。**小説家**や**ライター**が文章を書き、**カメラマン**が掲載する写真を撮り、**イラストレーター**が挿絵を描きます。そして**CGデザイナー**や**装丁家**が本のデザインを担当します。そうした仕事全体を**編集者**が統括して書籍の形になっていきます。**校正者**や**校閲者**など、誤植を避けるために必要な職種もあります。また、印刷業界に携わる職人たちも、出版業界には欠かせない人材です。

編集者

ライター

※編集者は『日本の給料&職業図鑑 Plus』124ページ、ライターは同書126ページに詳しく掲載

出版社編集長

Chief Editor

編集長の仕事内容は、大手出版社と中小出版社とで異なります。大手出版社の編集長は、原稿を書いたり、取材したりすることはほとんどありません。書籍や雑誌の企画を決定し、進行状況のチェックを行うほか、大物作家や政治家、経営者といった、売れ行きに大きな影響を及ぼす人の接待などを行います。中小出版社の編集長は、編集会議に出て、取材やインタビュー、記事の作成や画像選びに編集後記まで、編集者とともに行います。デザインやイラストの発注や印刷所との連絡など、本ができあがるまでの一連の仕事に携わることも珍しくありません。

願望を言語化すると欲望に変わる

出版社編集長の平均給料・給与

68万円

- 20代の給料：——
- 30代の給料：62万円
- 40代の給料：73万円
- 初任給：——

※給料の算出には求人や口コミ、厚生労働省の労働白書を参考にしております

出版社編集長の平均給料・給与グラフ

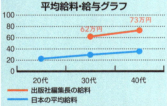

- 出版社編集長の給料
- 日本の平均給料

出版社編集長

メディア三天帝の1人。雑誌・書籍の総責任者。出版社の顔であり、言動に多大な責任がかかるスキル「一挙手一投足」を操り、「美魔女」など流行語を生み出しては、世間を動かしていく。

出版社編集長になるには、出版社に就職する必要があります。大手に入社するには、有名大学を卒業し、採用試験に受からねばなりません。そして、採用後、編集部に配属されなければいけません。面接時に編集者志望であることを強くアピールしましょう。編集者になると、大手中小を問わず、ほとんどの出版社で忙しく働くことになります。編集部に配属されたならば、将来は必ず編集長になるという強い信念をもち、仕事を続けていきましょう。

Magazine Editor
雑誌編集者

雑誌編集者は、編集者のなかでも雑誌を作る仕事です。編集長の指示のもと、記事の企画を立て、デザイナーやカメラマンなどの専門職を選定し、仕事を依頼し、取材や記事の執筆をし、印刷に回し、校正し、雑誌になるまでを手掛けます。スケジュール管理、金額管理のすべてを手掛けるプロデューサー的な役割といえます。雑誌の内容により、詳細な仕事内容は変わりますが、基本的には上記のような仕事をします。一般的には、常に時間に追われており、労働時間も長く、膨大なデスクワークを抱え込んでいます。残業や休日出社も当たり前のハードワークです。

> 私が鬼になるのは最高の雑誌を目指しているから

雑誌編集者の平均給料・給与

39万円

- 20代の給料：30万円
- 30代の給料：37万円
- 40代の給料：50万円
- 初任給：15万円

※給料の算出には求人や口コミ、厚生労働省の労働白書を参考にしております

雑誌編集者の平均給料・給与グラフ

- 雑誌編集者の給料
- 日本の平均給料

雑誌編集者

古代より受け継がれし「編纂」スキルをもつジョブ。編術「修」「註」「改」「削」は編集者だけがもつ特権スキル。雑誌・漫画・小説など編集者の中でも多彩なクラスがある。

雑誌編集者になるには、学歴も資格も関係ありません。大手出版社の新卒採用を目指すなら一流大学卒業が条件ですが、中小出版社や編集プロダクションにはさまざまな学歴の人がいます。他業種からの転職組も多く、持ち味を生かした企画を行っています。雑誌編集者の募集は求人サイトなどに掲載されます。企画力、文章力、コミュニケーション力、行動力、体力が必要な仕事ですが、門戸は広く開いており、誰にでも活躍のチャンスがあります。

Instagrammer
インスタグラマー

インスタグラマーとは、画像共有サービスのインスタグラムの利用者のうち、多数のフォロワーを抱え、発信力のある個人を指します。世間に大きな影響力をもつインフルエンサーとして認知されています。トップインスタグラマーは全体の1%といわれ、20代から30代の女性が中心です。食事や子供、ファッションなど、ジャンルを絞った写真を投稿する場合が多いです。企業からの依頼でPR投稿をし、宣伝費を稼ぎます。フォロワーをブログに誘導してアフィリエイトなどによって収益を得る人もいます。人気のインスタグラマーはイベントに呼ばれたり、書籍を出すこともあります。

希望だけが存在する世界であなたは本当に生きていると感じますか？

インスタグラマーの平均給料・給与
27万円

20代の給料：27万円
30代の給料：27万円
40代の給料：27万円
初任給：3万円〜

※給料の算出には口コミを参考にしております

インスタグラマーの平均給料・給与グラフ

- インスタグラマーの給料
- 日本の平均給料

インスタグラマー

写真を投稿し、#（ハッシュタグ）を駆使して情報を広めるインフルエンサー。世界で月間8億人が利用しており、その影響力は絶大。視覚魔法「インスタ映え」によってフォロワーの心を掴む。

地道にフォロワーを増やすのが、トップインスタグラマーへの第一歩です。投稿は1日最低3回以上が望ましく、フォロワーとマメにコミュニケーションを取ることが重要です。個性を出すために写真の構図や加工技術を身につける必要もあります。企業によって異なりますが、ギャランティは1フォロワー＝1円または1投稿あたりいくらという計算となります。トップインスタグラマーからモデルやタレントになると、イベント参加だけで30万円の収入を得る人もいるそうです。その人次第で収入の上限は未知数と言えるでしょう。

Advertising Company employee

広告代理店社員

第5章　娯楽・エンターテインメント・メディア系

人の心の奥底に光明を与えることが、広告の使命である

広告代理店

「コピーライティング」「デザイン」などを駆使し、モノ・コトの販売を行う。脳から汗が噴き出すくらい考え抜かれた企画には魂が宿り、世を動かすことも。別名「業界のダイナモ」。

広告業界の起源

広告の歴史は古く、紀元前の古代エジプトやローマで、ビラや看板に相当するものが見つかっています。日本では大宝律令に、店舗が扱う品物を看板のようなものに書き記したという記録があります。江戸時代には「引札(ひきふだ)」と呼ばれるチラシのようなものを江戸全域に配布する店も現れ、競合他社に勝つため、各商店が広告に力を入れていきました。広告代理店は、1800年代に現れ、広告主から手数料をもらって、新聞広告のスペースを代理で購入したのが始まりだといわれています。

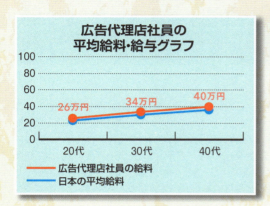

◆広告業界の動向・歴史的背景

アメリカで1864年に世界初の広告代理店、ジェイ・ウォルター・トンプソンが開業しました。その数年後、明治時代に入り商業が盛んになってきた日本でも、広告を代理で新聞や雑誌に掲載する仕事が誕生しました。当時はカバン1つを下げて商店から商店へと歩き回ったことから「提鞄(さげかばん)」と蔑んで呼ばれたそうです。明治20年代になると会社組織としての広告代理店が続々登場し、電通や博報堂の前身もこの頃創立されました。新聞、雑誌、ラジオ、テレビなどマス広告の誕生とともに広告代理店も発展し、市場を拡大していきました。インターネットの普及によってソーシャルネットワーク(SNS)の利用など広告主のニーズも多様化してきており、時代の流れに機敏に対応していく必要に迫られています。

◆広告業界の規模・特色

広告代理店は、メディアの広告枠を販売したり、広告そのものを制作したりする会社です。業界規模は約6兆4400億円となっています。最近ではマーケティングを意識したブランド戦略からキャンペーン企画、イベントの運営、映画やアニメのプロデュースやアプリ開発まで、商品のPRすべてに関わる業務を展開しています。ホットワードや社会現象を意図的に作り出すなど、まさに時代そのものを作るといっても過言ではありません。電通と博報堂の2強が君臨し、案件の大きさも年収の高さも他を圧倒しています。

広告業界の慣例

クリエイティブな仕事であり、体育会系の風土も残る業界です。クライアントからの「とりあえず、いい感じで」という無茶振りにも笑顔で応えなければなりません。知力、体力、コミュニケーション能力など、スキルの高い人が集まっています。やりがいとステイタスの高さから就職人気も非常に高くなっています。

✦広告業界に向いているタイプ✦

クリエイティブな発想ができる人が、業界の求める人材です。芸術的センスのほか、時流の流れを読むバランス感覚も必須です。インパクトのある言葉や映像、広告を作ることができる人が業界で生き残っていきます。ディレクターは、多くのクリエイターたちをまとめる立場になるので、冷静な判断力も必要です。

◆広告業界に関わる職種

広告業界は制作からメディア戦略まで多岐にわたる業務があるため、多くの職種の人が関わっています。**営業職**が案件を取ってきて、クライアントの要望に沿った広告の制作が行われます。テレビCM、雑誌広告、街頭広告、キャンペーンイベントまで、種類はさまざまです。**クリエイティブディレクター**や**アートディレクター**が制作の指揮を執り、**デザイナー**や**イラストレーター**がふさわしい絵を描き、**コピーライター**がキャッチコピーを考えます。旬の**モデル**や**芸能人**が広告塔として登場することもあります。

イラストレーター

コピーライター

※イラストレーターは『日本の給料&職業図鑑 Plus』56ページ、コピーライターは同書127ページに詳しく掲載

第6章

金融・法人サービス系

生命保険会社社員
Life Insurance Company employee

> あなたの家族は預かった。安心して仕事へ出よ！

生命保険会社
掛け金と引き換えに、いざというとき、保険というかたちで援助し身を守ってくれる。別名「等価交換の騎士団」。前もって彼らと契りを済ませていれば、被害額を最小限に食い止め補填してくれる。

生命保険業界の起源

中世ヨーロッパでは、商人たちは職業ごとに同業者組合「ギルド」を作り、冠婚葬祭などの費用を組合全体で分担しあっていました。このギルドが生命保険の起源ではないかといわれています。さらに17世紀のイギリスにおいて、教会の牧師たちが組合を作り、自分たちに万が一のことがあった場合に遺族へ生活資金を出すために保険料を出しあう制度を始めました。のちにイギリスの数学者によって公平な保険料分担の方法が発見され、1762年に世界で初めて近代的な保険制度にもとづく生命保険会社が設立されました。

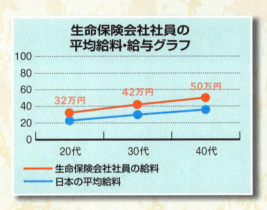 

◆生命保険業界の動向・歴史的背景

日本の生命保険の歴史は、1867年（慶応3年）、福沢諭吉が著書『西洋旅案内』の中でヨーロッパの近代的保険制度を紹介したことから始まりました。1881年（明治14年）には、日本で最初の近代的生命保険会社である明治生命（現在の明治安田生命）が設立されました。しかし、当初は「人の生死によって金儲けをするのか」という誤解にもとづく批判もあり、生命保険が定着するまでには時間がかかりました。高度経済成長期には外資系保険企業が参入し、ライフプランナーやファイナンシャルプランナーによる専門的な営業が始まりました。保険業法の改正と緩和により代理店や銀行窓販など販売チャネルが増加し、社会情勢や消費者のニーズとともに保険商品も多様化しています。

◆生命保険業界の規模・特色

怪我や病気などのリスクに備えて「安心」を売る生命保険業界。業界規模は約18兆1700億円となっています。少子高齢化や人口減少といった課題もありますが、ニーズに応えたさまざまな保険商品を開発して活路を探っています。最近では医療保険やがん保険など「生きるための保険」や、貯蓄型の保険に人気が集まっています。インターネットの普及により一般消費者の保険に対する知識が深まり、保険商品を比較検討しやすくなりました。そのため競争が激しくなり、企業買収や業務提携などが盛んに行われています。明治安田生命のほか、かんぽ生命、日本生命、住友生命などが大手です。

生命保険業界の慣例

ファミリーサポート休暇など福利厚生が手厚い企業が多く、働きやすい環境が整っています。生命保険営業は結果を出せばそれが収入アップに直結するので、保険外交員として活躍する女性がたくさんいます。歩合制で年収1000万円以上稼ぐ強者もいます。会社が合併すると、名前が長くなるのもこの業界の特徴です。

✧生命保険業界に向いているタイプ✧

丁寧な対応が顧客を増やすことにつながるので、物腰が柔らかく、誠実に対応できるタイプの人が向いています。契約後のアフターケアも仕事なので、相手の家族関係など個人情報を把握し、気配りができることも重要です。ノルマがあるので継続的な営業努力が必要であり、精神的にもタフであることが求められます。

◆生命保険業界に関わる職種

生命保険業界では**営業職**が欠かせない職種となっています。企業や団体向けの法人営業や、個人宅に赴いて最適な保険商品を紹介する個人営業などがあります。営業の中でも特に**保険外交員**が重要な役割を担っています。保険外交員は正社員ではなくフルコミッションで働く営業職が多く、ノルマを超えると大きく稼ぐことができます。生保レディ、ライフプランナーなどと呼ばれ、女性が多く活躍しています。また、確率や統計学などを駆使して保険料などを決める**アクチュアリー**も、生命保険業界にとって必要な人材です。

保険外交員

※保険外交員は『女子の給料&職業図鑑』118ページに詳しく掲載

Actuary
アクチュアリー

アクチュアリーは、生命保険という事業と同時に誕生した歴史の長い職業です。確率論や統計学などの数理的手法を駆使して、さまざまな状況や問題に対応する数理業務を引き受けます。保険や年金の適当な掛け金や支払い金を決めるのをはじめ、保険会社の外部コンサルタントとして、経営管理や商品開発に携わったり、監査法人として財務状況の監査をしたり、企業の資産運用などリスクマネジメントに関わったりなど、多彩な分野で活躍しています。いずれにしても、経営判断や人生設計に関わる数字を扱う責任の重い役割を担っています。

人生を微分積分したら、今を生きる大事さが判明しました

アクチュアリーの平均給料・給与
71万円

20代の給料：40万円
30代の給料：70万円
40代の給料：80万円
初任給：25万円〜

※給料の算出には求人や口コミ、厚生労働省の労働白書を参考にしております

アクチュアリーの平均給料・給与グラフ

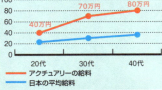

— アクチュアリーの給料
— 日本の平均給料

アクチュアリー
確率や統計学を駆使し保険金を決める数式のプロ。別名「保険数理人」。スキル「魔法数式」でがん発生率のデータ分析などもお手のものである。現代の「時魔導士」とも呼ばれている。

アクチュアリーになるには、「日本アクチュアリー会」による資格試験を通って正会員になる必要があります。受験資格は大学卒業程度です。年金・保険・経済理論や損保数理、年金数理など専門的な問題、そして実際の業務で扱う実績データを用いて解く問題が多く出されます。出題される数学レベルは高校3年生程度といわれています。アクチュアリーは保険会社がある世界の国々で活躍する国際的専門職であり、将来的にも需要の高い職業です。

第6章 金融・法人サービス系

第6章　金融・法人サービス系

Bank Clerk
銀行員

貨幣というのは信頼ではなく信用です。
お給料が高い職業は信用が高いのです

銀行

金融仲介・信用創造・決済を駆使し、お金にまつわる仕事を行う。エンジンオイルである「お金」を回し、業界全体を円滑に動かしていく。スキル「融資」は、企業を活性化させる技の１つ。

銀行業界の起源

古代から貨幣鋳造や両替、貸付が行われており、起源は正確には不明です。メソポタミアでは紀元前3000年頃に寺院や王室の国庫、民間の土地所有者による利息をともなった貸付が行われていた記録があります。アテネ経済においては紀元前5世紀頃には銀行家の原型があったともいいます。中世イタリアの商人社会は銀行の技術と専門性を生み出し、現代に通じる銀行制度が誕生しました。銀行（Bank）という用語は、中世イタリアの市場で用いられた商人の取引台（Bench）、すなわちイタリア語のBancoに由来します。

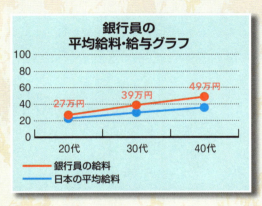

◆銀行業界の動向・歴史的背景

江戸時代には金・銀・銅の交換を専門とする商人「両替商」が発達しました。経済が活発化するにしたがって巨大な富を得るようになり、両替だけではなく、預金や貸付、送金など、今の銀行のような役割を果たしました。両替商の三井や住友は、のちに大手銀行グループへと発展していきます。近代的な銀行は、1694年にイギリスで創業した「イングランド銀行」が世界初です。日本では1873年（明治6年）に「第一国立銀行」が初の本格的な銀行として誕生しました。その後、多数設立された銀行は提携や合併を繰り返し、現在のかたちになっていきます。1990年代の金融ビッグバンにより制度が緩和され、銀行が証券や保険を販売することができるようになり、業界の様相が大きく変わりました。

◆銀行業界の規模・特色

銀行の業務は企業や個人から預金を集めて、それをもとに事業資金や住宅ローンなどのお金が必要な人に融資する金融仲介業務と、振り込みや公共料金などの口座振替を行う決済業務の2つに分かれます。業界規模は約900兆円（総資産）となっており、利息や手数料などによって利益を得ています。総資産が100兆円を超える銀行はメガバンクと呼ばれ、証券やクレジットカードなど総合的な金融サービスを提供しています。オンラインでの資金調達など新サービスが登場し、暗号化技術の研究開発も進んでいます。

銀行業界の慣例

社会的信用度は非常に高い銀行員。メガバンクにはエリートが集まります。サイン（署名）よりもハンコが重視され、有給休暇を取ると「お休みありがとうございました」と周囲にお礼を言わねばならないなど、独特の慣習がある業界です。営業はノルマもあり厳しいですが、結果を出せば給料や出世に反映されます。

✦銀行業界に向いているタイプ✦

金銭を取り扱う仕事なので、きちんと数字を管理できる几帳面な人が向いています。社風も年功序列でお堅めなところが多いので、真面目な性格の人のほうが溶け込みやすいでしょう。個性よりも誠実さが重要です。企業の経営状態をチェックして融資の判断を下す必要があるので、経営的視点も求められます。

◆銀行業界に関わる職種

銀行員は預金、貸付、為替などの業務を担当します。**営業職**はノルマがあり大変ですが、結果が数字に出るのでやりがいは大きいです。個人のライフプランに合わせて投資信託や資産運用を勧めることもあり、**ファイナンシャルプランナー**の資格がある人も活躍しています。メガバンクでは世界中の大企業を顧客にしており、M&Aによる事業拡大のアドバイスや資金を集めるためのシステム構築など、規模の大きな案件を抱えているため、営業からコンサルティングまで幅広い業種の人が働いています。

●銀行員の一般職と総合職の年収差

銀行員は、一般職と総合職で年収に大きな差があります。総合職は、銀行の主要な業務を行い、それにともなう職種転換もあります。3年目、6年目、10年目で5万～10万円ずつ上がるなど銀行ごとに決められたタイミングで昇給します。大手銀行なら30代で1000万円になり、昇格するとどんどん年収は上がっていきます。支店長クラスになると2000万円といわれています。一般職は、おもに総合職の補助的な定型業務を行い、入社時の年収は350万円程度と、総合職とあまり変わりません。しかし、昇給の幅が小さく、30歳で500万円ほどになってからは、500万～600万円ほどで落ち着きます。長年勤務し、主任に昇格すると、大手銀行では700万円ほどになることもあるそうです。

ファイナンシャルプランナー

※ファイナンシャルプランナーは『日本の給料&職業図鑑 Plus』106ページに詳しく掲載

デイトレーダー

Day Trader

デイトレーダーは、おもに短期間で取引を完結させ、1日に何度も取引を行う個人投資家です。デイトレーダーが対象とする取引は、株式・債券取引をはじめ、外国為替取引（FX）、商品先物取引、株価指数先物取引など、さまざまです。特に値動きが激しい銘柄を扱い、細かい利益を多数繰り返したり、値動きの波にうまく乗って稼ぐのが目的となります。一秒でも目を離すと買い時、売り時を逃す可能性があるため、市場が開いている間はモニターに付きっ切りになりがちです。また、海外市場にも目を配り、昼夜問わず働く人もいます。もちろん、収入は不安定です。

いい話がある…と言われたときの緊迫感がわかるかね？

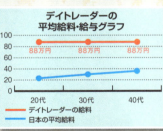

デイトレーダーの平均給料・給与

88万円

20代の給料	88万円
30代の給料	88万円
40代の給料	88万円
初任給	―

※給料の算出には口コミを参考にしております

デイトレーダーの平均給料・給与グラフ

- デイトレーダーの給料：88万円（20代・30代・40代）
- 日本の平均給料

デイトレーダーになるのに資格はありません。誰でも資金さえあれば始められます。初期資金も10万円程度からスタートする人も多くいます。仕事の面白さは、ずばりお金です。予想や目論見があたって利益を得る快感はたまらないといいます。デイトレードに向いているのは、慎重に物事を見極めながらも大胆に行動できる人といえるでしょう。ギャンブル性の高い職業です。また、集中力と体力があること、そして数字に強いことも大切な資質といえます。

デイトレーダー

1日に何度も投機を行うジョブ。巨額の利益にも、多額の負債にも動じない精神力をもつ。別名「天国と地獄の狭間にいる男」。上級職に、国の金（国債）や投資信託を動かす債券トレーダーがいる。

第6章　金融・法人サービス系

第6章 金融・法人サービス系

コンサルティング会社社員
Consulting Firm employee

矛盾、障害や失敗は成長するために必要な過程である

コンサルティング会社
さまざまな専門知識を有し、悩みを抱える企業の相談にのる。経営コンサルタントや会計士・税理士を率いて、企業のポテンシャルを最大限まで引き出し、転生復活させる。別名「業界の転生屋」。

コンサルティング業界の起源

19世紀末にアメリカの技術者であったフレデリック・テイラーが、工場での作業に「作業単位の分割」と「単位ごとの時間」にもとづく「科学的管理」の手法を採り入れることで作業工程の改善を行い、労働コストを削減しました。テイラーはその後、さまざまな工場に同様の考え方を導入する支援を行い、数々の工場を再生しました。これがコンサルティングの始まりだといわれています。世界最初の経営コンサルティングファームは、1886年、アメリカで設立された「アーサー・D・リトル」です。

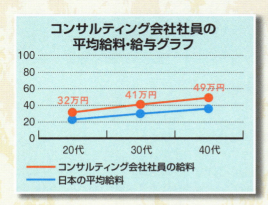

◆コンサルティング業界の動向・歴史的背景

アメリカで生まれた当初のコンサルタントでは「効率化」という観点のコンサルティングが主流でしたが、次第に「経営戦略」という視点で経営トップに助言する戦略コンサルティングへと移行していきました。日本におけるコンサルティングファームの発祥は1966年、ボストン・コンサルティング・グループ（BCG）の日本支社です。70年代後半から80年代にかけて会計事務所系コンサルティングファームや金融系のシンクタンク、独立系ファームが誕生しました。1990年代、急速に広がった業務のIT化が大きな変革をもたらし、コンサルティング市場は大きく拡大していきました。最近では、高度なITを利用したコンサルティングサービスが経営の意思決定に欠かせない存在となっています。

◆コンサルティング業界の規模・特色

コンサルティングの範囲は経営戦略、財務会計、業務、IT、組織や人材など多岐にわたり、会社によって得意とする分野が違います。企業のリサーチをして資料を作成し、複雑化する企業の経営や事業戦略について簡潔にまとめてアドバイスをするのがおもな仕事となります。近年では企業のグローバル化にともなうM&A支援、ビッグデータやクラウド、ソーシャルビジネスなどのデジタル活用支援も重要業務となっています。業界規模は約6700億円です。今後は他社との差別化が必要になると予測されています。

第6章 金融・法人サービス系

コンサルティング業界の慣例

外資系の影響で昇格・昇進することを「プロモーションする」など、独特のカタカナ用語が使われています。「マック」といえば「マッキンゼー」のことです。東大卒が多く、エリートが集まる業界です。トップファームの戦略コンサルタントになると30代で年収2000万円を超えることもあります。

✦コンサルティング業界に向いているタイプ✦

業界全体的に学歴が高く、頭の切れる人が多いです。IQが高く頭の回転が速い人でなければ業界のスピードにはついていけません。クライアントの企業が抱えている問題を素早く見抜いて、データに裏付けされた解決方法を導き出すには、知識が豊富であり論理的な思考の持ち主でなければ難しいでしょう。

◆コンサルティング業界に関わる職種

コンサルティング業界ではコンサルタントがフロントとして顧客のコンサルティング業務に100％集中するというのが基本になります。営業は役員クラスのベテランが行い、雑務や事務作業は**事務職**や**総務職**などの職種がバックでサポートします。一口にコンサルタントといっても、得意とするジャンルが違います。経営戦略をおもに担当する**経営コンサルタント**や、業務のIT化を支援する**ITコンサルタント**など、いろいろなコンサルタントがいます。プロジェクトによっては、**公認会計士**や**税理士**などの力を借りることもあります。

公認会計士

税理士

※公認会計士は『日本の給料&職業図鑑』26ページ、税理士は同書24ページに詳しく掲載

Employment Counselor
キャリアコンサルタント

2016年（平成28年）4月よりキャリアコンサルタントは、国家資格になりました。これによって、国家資格をもっていないキャリアコンサルタントは、その職種名またはそれに近い職業名を名乗ることができなくなりました。キャリアコンサルティングの具体的な内容は、学生や求職者、転職希望者などの相談者本人の興味・適正を明確に整理し、該当する求人情報を確認し、昇進、就職、転職などにつなげることです。今後の職業生活の目標を明確化し、相談者の求職活動や能力開発のためのプロセスを考え、その実行を促していきます。

人生の再投資は、私にご相談ください

キャリアコンサルタントの平均給料・給与
35 万円

20代の給料：29万円
30代の給料：35万円
40代の給料：41万円
初任給：22万円～

※給料の算出には求人や口コミ、厚生労働省の労働白書を参考にしております

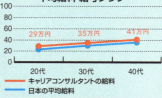
キャリアコンサルタントの平均給料・給与グラフ

厚生労働大臣認定の養成講習の修了または、民間で求職者の就職相談や職業能力開発支援などの実務経験を3年以上経験し、キャリアコンサルタント試験に合格すると、キャリアコンサルタントを名乗れます。キャリアコンサルタントの就業先は、ハローワークや早期就職支援センター、職業能力開発学校などのほか、民間の人材派遣業や職業紹介業などがあります。

キャリアコンサルタント
カウンセリング三賢者の1人。属性は「職」。職業選択や職業技能のサポートをする後方支援型ジョブの1つ。スキル「ジョブカード」は就職に悩む者のキャリア形成をサポートする補助系スキルだ。

第6章 金融・法人サービス系

Vocational Counselor
産業カウンセラー

カウンセリングなど心理学的手法を用いて、働く人々を支援する仕事です。精神的不調の予防や職場復帰の手助けなどメンタルヘルス対策や、キャリア開発、働きやすい職場づくりへの支援を行います。企業の相談室などで、悩みをもつ人々の相談に耳を傾け、相談者が自らで問題を解決できるようにしていきます。そして、企業を働きやすく生産性の高い組織になるように手助けしていきます。産業カウンセラーの活躍場所は多く、企業の人事部をはじめ、自衛隊の総監部、DVシェルターのスタッフやハローワークでの就職活動支援まで、多くの現場で人々と組織の力となっています。

心に花を咲かせましょう！

産業カウンセラーの平均給料・給与
26万円

- 20代の給料：20万円
- 30代の給料：26万円
- 40代の給料：33万円
- 初任給：18万円〜

※給料の算出には求人や口コミ、厚生労働省の労働白書を参考にしております

産業カウンセラーの平均給料・給与グラフ

	20代	30代	40代
産業カウンセラーの給料	20万円	26万円	33万円

- 産業カウンセラーの給料
- 日本の平均給料

産業カウンセラー
カウンセリング三賢者の1人。属性は「働」。スキル「産業組織心理学」を駆使し、働く人のメンタルヘルスをサポートする。経験を積めば、上位職の「シニア産業カウンセラー」へクラスチェンジも。

産業カウンセラーは一般社団法人日本産業カウンセラー協会が認定する民間資格です。協会が行う講座を修了するか、大学や大学院で心理学や人間科学などの学部を卒業し、必要単位を修めると資格を取得できます。募集は求人サイトなどに掲載されています。メンタルヘルス問題の増加にともない、産業カウンセラーの需要は増えています。通常の企業のほか、人事部門のアウトソーシングを担う企業、病院や大学など、さまざまな職場があります。

ITコーディネーター

IT Coordinator

ITコーディネーターとは、ITと企業経営、両方の知識をもった専門家です。クラウドの利用やERP（統合基幹業務システム）、SaaS（ネットワーク経由でソフトを利用するシステム）など、経営に役立つITの活用法を経営者に助言、指導をしたり、実際に現場でIT化の支援サービスを行ったりします。ITに特化した経営コンサルタントともいえます。世間のIT化の波と併せて、中小企業が中小企業基盤整備機構などを通じて、ITコーディネーターを利用して情報化を行うと融資や税制特例措置などで優遇されることもあり、製造業、小売業、サービス業をはじめ、多くの業種で活躍しています。

> 選ばれしITの騎士たちよ。
> 聖剣ロジカルシンキングに忠誠を誓い、経営者を助けよ！

ITコーディネーターの平均給料・給与

38万円

- 20代の給料：28万円
- 30代の給料：39万円
- 40代の給料：48万円
- 初任給：27万円～

※給料の算出には求人や口コミ、厚生労働省の労働白書を参考にしております

ITコーディネーターの平均給料・給与グラフ

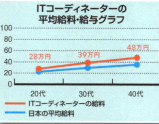

28万円　39万円　48万円

- ITコーディネーターの給料
- 日本の平均給料

ITコーディネーターは、経済産業省推奨の民間資格です。2001年に誕生したばかりの資格で、誰でも受験することができ、合格率は50%前後です。なお、公認会計士や税理士、中小企業診断士などの有資格者は「専門スキル特別認定試験」に合格すれば資格を得ることができます。ITコーディネーター協会の調査では、全体の77%が企業に所属し、23%が独立系です。まずはソフトウェア開発会社などに入社をするのが近道といえるでしょう。

ITコーディネーター

経営者とITをつなぐコンサルタント。SEや中小企業診断士、プログラマーがこのジョブにクラスチェンジすることがある。現在このプルーフの取得者は6000名以上おり、「IT騎士団」の俗名をもつ。

第6章　金融・法人サービス系

第6章　金融・法人サービス系

Temp Agency employee

人材派遣会社社員

人を焚き付けるものは「情熱」であり、情熱がないものは無価値である

人材派遣会社

扱う商品は、「人」。スキル、経験という武器をもつ派遣社員を適材適所に配置し、采配を振るうため、「マンパワーの化身」と呼ばれる。人を見抜く心眼をもつ者が人材派遣業界を制するとか。

人材派遣業界の起源

古代、公共工事は税の一種の労働役であり、無償労働でしたが、経済が発展すると金銭的な対価を受け取り工事に従事するようになりました。そして手数料を取って人材を供給する手配師、請負師という仕事が生まれました。日本では江戸時代、都市部に出稼ぎに来た人の身元引受人となり職を斡旋する「口入れ屋」が生まれました。明治時代以降も建設現場や工場に労働者を斡旋する手配師はいましたが、法律もなく雇用関係も曖昧で、労働環境は劣悪だったそうです。現代のような人材派遣業が生まれたのは、第二次世界大戦後になります。

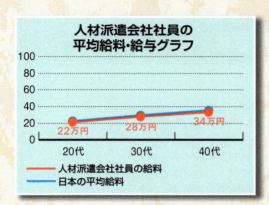

人材派遣会社社員の平均給料・給与 **29万円**

20代の給料：22万円
30代の給料：28万円
40代の給料：34万円
初任給：22万円

※給料の算出には上場企業のIR情報を参考にしております

◆人材派遣業界の動向・歴史的背景

1948年、アメリカで世界初の人材派遣会社、マンパワーが設立されました。日本では1966年にマンパワー社がマンパワー・ジャパンを設立し、人材派遣業が誕生します。1973年には初の日本企業であるテンプスタッフ、その3年後にパソナが設立され、本格的な人材派遣業界がスタートしました。1986年に労働者派遣法が施行され、労働者の保護や派遣業種などのルールが定められました。その後規制緩和により市場は拡大しましたが、リーマンショック後の派遣切りなどが問題となり、派遣法が改正されました。最近ではグローバル展開やマッチングにAIを活用する企業も出てきています。社会情勢や規制の強化・緩和、ライフスタイルの変化などへ柔軟に対応することが各社に求められています。

◆人材派遣業界の規模・特色

人材派遣事業は、正式には労働者派遣と呼ばれ、労働者派遣法に則って開設し運営しなければなりません。人材派遣会社は自社の常勤社員、または登録者の中から、派遣先企業のニーズ（業務内容、レベル、就業条件）に適した人材を選出し、必要な時期に必要な期間、派遣します。派遣スタッフは間接雇用となり、賃金は人材派遣会社から支払われます。自分の希望や価値観、ライフスタイルを最優先できるといったメリットもあり、120万人以上が派遣社員として働いています。業界規模は約2兆9500億円です。

人材派遣業界の慣例

派遣スタッフの愚痴を聞くのも大事な仕事です。クライアントとの板挟みになることもあります。人材さえ集まれば、パソコンと電話があれば仕事ができるので、零細企業ではマンションの一室が事務所という企業も。土日や時間外の電話対応や、担当する派遣社員の数の多さから、派遣会社の社員は多忙となります。

✧人材派遣業界に向いているタイプ✧

人材を扱う業界なので、コミュニケーション能力は必須です。求職者の人柄や適性を見抜く「人を見る目」をもっていることも必要な資質です。多くの派遣社員を管理しなければならないので、マネジメント能力の高い人が向いています。クライアント企業と信頼関係で成り立っているため、誠実な対応が求められます。

◆人材派遣業界に関わる職種

人材派遣業界では、**営業職**が重要な職種となります。法人営業などでクライアントを獲得するのも仕事ですが、おもに派遣社員の管理をするのが業務となります。派遣先との調整や勤怠の管理だけでなく、メンタルのフォローなどもしなければなりません。営業職の中には、**キャリアコンサルタント、人材コーディネーター**と呼ばれる職種の人も活躍しています。求職者一人ひとりの適性やスキルを踏まえて職場を選定し、サポートするのが仕事になります。キャリアアップ支援として研修などを行うこともあります。

キャリアコンサルタント

※キャリアコンサルタントは本書127ページに詳しく掲載

第7章

生活用品系

第7章　生活用品系

Pharmaceutial Company employee
製薬会社社員

不老不死の薬を完成させたときが、私たちの終わりの始まりです

製薬会社

「街角の白魔道士」と呼ばれる薬剤師や医師と連携し、MRを通じて人を治療する回復薬を届ける。人間の病気や怪我がなくならない限り「病」という名の敵と常に戦い続ける。

製薬業界の起源

洋の東西を問わず、古代から植物が薬として利用されてきました。1万数千年前の縄文人は、食料としての木の実などの採集を通して、植物に精通していました。住居跡からは薬に使ったと思われるキハダ（ミカン科の落葉高木で黄柏（おうばく）という生薬になる）が発見されています。また、紀元前4000年頃、メソポタミア文明を築いたシュメール人の粘土板には、すでに数多くの植物の名が薬用として記されていました。経験や科学的根拠にもとづくものもあれば、呪術的な意味で服用された薬もあったようです。

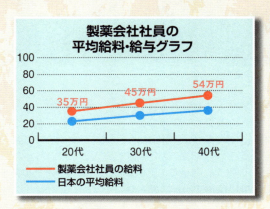

◆製薬業界の動向・歴史的背景

鎌倉時代から寺社が薬を作っていましたが、庶民が薬を使えるようになったのは江戸時代からです。幕府が薬の生産を奨励し、薬種問屋や薬を調合する製薬店が増えました。大阪の道修町（どしょうまち）では、各地で独自に薬を作っていた薬種商が集まって組織化し、輸入漢方薬の流通を一手に引き受けたことから、日本の薬業の中心地として栄えました。また、富山の売薬に代表される配置販売業もこの頃から急速に全国に広まったといわれます。明治維新後は西洋医学を導入し、新薬メーカーが次々に設立されました。第二次世界大戦後、ペニシリンやストレプトマイシンの国産化などにより製薬業界は発展し、1961年に導入された国民皆保険制度で需要が高まったことから急成長を遂げました。

◆製薬業界の規模・特色

薬の需要は景気に左右されないため、不況に強いといわれます。業界規模は約5兆3000億円です。法律が大きく変わらない限り、市場規模は安泰でしょう。新薬の認可は減りつつありますが、iPS細胞の登場を機に再生医療分野に挑戦したり、アジアや欧米に販路を広げたりと、各社経営努力を重ねています。再編や合併を繰り返して成長してきた業界であり、近年では海外メーカーとの合併や買収も盛んに行われています。医学部や薬学部といった難関学部出身者が多く、業界全体の平均年収は高めです。資格職が多いので転職にも困らないといったメリットもあります。

第7章 生活用品系

製薬業界の慣例

研究開発部門で働く人は、必ず一度は「絶対に治る風邪薬はなんでできないの?」と聞かれるそうです。しかし守秘義務で業務内容を話すことはできません。営業担当であるMRは、毎日のように病院に出向き医師に営業を行います。診察前後に交渉するため朝が早かったり出待ちをしたりします。

✦製薬業界に向いているタイプ✦

理系出身者が多い業界ですが、文系でも高い医療知識があり資格を取ればMRになることもできます。営業スキルがあり、社交的な人が向いています。各社新薬の開発に力を入れているので、守秘義務は絶対。口が堅いことが条件です。新しい医療や医薬品の情報や知識を取り入れる勉強熱心な人が求められています。

◆製薬業界に関わる職種

医薬品の研究開発、そして販売には**薬剤師**が大きく貢献しています。薬の専門的な知識を駆使して、業界で活躍しています。また、薬の臨床実験のデータを管理する、**治験コーディネーター**も新薬の開発には欠かせない職種です。そのほか、病院で働く各科の**医師**も製薬業界に関わる重要な職種です。薬の効能を踏まえて病院で導入するかどうかを決定する権限をもちます。そうした医師に購入を勧めるのが医薬品の営業職である**MR**です。医薬品の情報提供を行うために、高い医療知識が必要となります。

薬剤師　　　　　治験コーディネーター

※薬剤師は『日本の給料&職業図鑑 Plus』36ページ、治験コーディネーターは同書48ページに詳しく掲載

136

Medical Representative
MR

MRとはおもに製薬会社に勤務する医薬情報担当者です。薬剤師や医師などに、医薬品選択の一助とすべく、最新の医薬情報やリサーチ結果を伝えます。医療の専門家に、自社の医薬品や開発状況などを論理的に説明する必要があるので、医学の最新知識を知り、業界や同業他社の情報に常にアンテナを張っておく必要があります。基本的には自社製品の効果や用法用量などについて伝えるのですが、一切誇張せず、事実のみを伝えます。副作用情報の有無なども包み隠さず見せていきます。また、医薬品の試験結果や臨床検査データを理解するためには、医療統計に明るいことが求められます。

フィードバックを還し、万病に打ち勝つ未来を見せる！

MRの平均給料・給与
61 万円

20代の給料：44万円
30代の給料：65万円
40代の給料：74万円
初任給：22〜24万円

※給料の算出には求人や口コミ、厚生労働省の労働白書を参考にしております

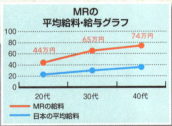

MRの平均給料・給与グラフ
44万円 / 65万円 / 74万円
― MRの給料
― 日本の平均給料

MR
医薬品の品質、安全性などの情報を提供し、販売する製薬会社の営業部隊、別名「現代の百人長」。スキル「フィードバック」は薬の副作用を伝える社会貢献度が高いスキルの1つだ。

MRになるには、製薬会社に入社する必要があります。医薬業界は理系のイメージが強いですが、MRは営業的な側面も強いため、医薬への理解があり、社交スキルに優れていれば文系でも十分に活躍できます。検査データを読み取れて、説明スキルも高く、営業成績の高いMRは、多くの製薬会社が求める人材です。専門の転職エージェントもあり、腕利きのMRともなれば製薬会社と交渉して、キャリアアップを図っていくことも特別ではありません。

化粧品メーカー社員

Cosmetic Maker employee

化粧品メーカー

世の多くの女性をキレイかつ可憐に変身させる美の化身。つけまつげ、ファンデーション、口紅などを開発し販売する。トレンドを作り出すことから「業界のミーハー担当」とも呼ばれる。

私がしたいのは化粧を施すことではなく、心を豊かにすること

化粧品業界の起源

化粧の歴史は古く、紀元前3000年頃の古代エジプトではすでにアイメイクがありました。日本の歴史を見てみると、『古事記』『日本書紀』などの記述や、3世紀後半の古墳時代の埴輪の彩色から、赤色顔料を顔に塗る風習があったことがわかります。原始的な化粧から美意識にもとづいた化粧へ発展したのは、6世紀後半のことです。大陸や半島文化が流入するとともに、紅、白粉などの化粧品が伝わりました。女性であった持統天皇は日本で初めて鉛白粉を手にし、大変喜んだといいます。

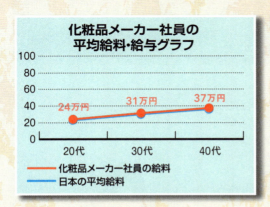

◆化粧品業界の動向・歴史的背景

1615年（元和元年）、日本橋にて創業した「柳屋」が、現存する日本最古の化粧品会社といわれます。髪に塗る香油を中心に食用紅、化粧紅、練紅、白粉などの製造販売を行いました。明治時代に入ると石鹸や香水、クリームなどの製造法が西洋から輸入され、独自に製造を始める企業が出てきました。1872年、日本初の洋風調剤薬局として資生堂が創業します。現在の日本の化粧品業界は資生堂が築いたシステムがベースになっています。昭和20年代、メーカーが小売店と直接販売契約を結ぶ「制度品システム」を資生堂が取り入れたことで乱売が抑制され、業界は安定成長を遂げることになります。近年は異業種からの参入も相次ぎ、熾烈な競争が繰り広げられています。

◆化粧品業界の規模・特色

化粧品業界は景気動向や時代の流行にとても影響されやすい業界です。業界規模は約2兆500億円で、化粧品から、シャンプー、美容食品といったジャンルがあり、各社得意とする分野があります。化粧品会社のおもな業務としては、化粧品を製造する研究開発や製造、販売戦略や広告プロモーションを行う販売企画、そして店頭などでの商品販売があります。消費者のニーズに合わせて販売スタイルも変化し、従来の店舗販売や訪問販売から、インターネット通販やカタログ販売が増えてきています。

化粧品業界の慣例

実際に自分で化粧品を試すのも必要な仕事です。そのため業務中にサンプルを使ったりして、書類がオイルまみれになることもあるそうです。すっぴんで仕事に行き、デスク周りにある化粧品で済ませる女性社員もいます。人間関係で苦労する人もいますが、自分自身の美容にも気を遣うのでキレイな人が多いです。

✧化粧品業界に向いているタイプ✧

自分自身も美容に関心が高く、新しい技術や商品には敏感に反応できる人が求められる人材です。女性が多い業界なので、空気を読み、人間関係を円滑にできる人が向いているといえます。また、美容部員などの営業職はある意味接客業でもあるので、セールストークに長けている人が結果を出すことができます。

◆化粧品業界に関わる職種

化粧品業界でもっとも華やかなのは**美容部員**や**ビューティーアドバイザー**といわれる営業職の人たちです。百貨店やショッピングセンターの化粧品売り場で、各メーカーのブースに立ち、実演販売やアドバイスをします。立ち仕事で技術や知識も身につけなければならないので、見た目よりも大変な仕事です。美容に関する商品の販売戦略としては、**エステティシャン**や**美容師**、**アイリスト**なども重要な役目を担っています。彼女たちは働いている店舗で取り扱う商品を販売してくれるからです。また、製品の研究開発職やPRをする**広報職**も欠かせない職種です。

美容部員

※美容部員は『日本の給料&職業図鑑』156ページに詳しく掲載

アイリスト

Eyelash Artist

第7章 生活用品系

アイリストとは、まつげケアを専門とする技術者です。まつげエクステンションをはじめ、まつげパーマ、まつげカール、まつげカラーなどの施術を行います。まつげエクステンションは、専用の接着剤や専用両面テープで、人工毛を貼り付けて、まつげ全体をボリュームアップさせる美容施術です。オフィス用やブライダル用など用途に合わせてアレンジしたり、お客様にお似合いの施術を提案したりなど、まつげ美容に関する知識と技術、コミュニケーション能力が求められます。アイリストは、美容師やヘアメイクと兼業で行っている人も多くいるようです。

本当の愛とは、まつげの先端まで愛することだ

アイリストの平均給料・給与

28万円

20代の給料：20万円
30代の給料：30万円
40代の給料：35万円
初任給：16万円〜

※給料の算出には求人や口コミ、厚生労働省の労働白書を参考にしております

アイリストの平均給料・給与グラフ

- アイリストの給料
- 日本の平均給料

20代：20万円
30代：30万円
40代：35万円

アイリスト

接近型美容系ジョブ。忍術「まつげエクステ」を駆使し、女性のまつげをフサフサにする。別名「美容忍者」。スキル「つけ放題60分」は、おびただしい本数のまつげを目元に植え付けていく。

アイリストになるには美容師免許が必須です。そのため美容専門学校で学ぶ必要があります。しかし、学校ではヘアメイクを中心に教えるため、アイリストとしての高度な技術を習得するには難しいのが現状です。アイリスト候補としてサロンに勤めながら、その傍ら美容学校に通って美容師免許取得を目指す人もいます。美容師免許所持を前提とした検定試験もあるので、技量の証明として、就職、転職に向けて取得するのもよいでしょう。

141

第7章 生活用品系

Toy Maker employee

玩具メーカー社員

玩具なくして人が人として大成することは絶対にない！

玩具メーカー

単なる娯楽にとどまらず、教育目的や癒やし効果のある玩具などを開発する。玩具は「あの頃」を思い出させてくれる記憶再生装置でもある。対象は子供だけでなく、大人や老人にまで及ぶ。

玩具業界の起源

古代文明の時代から、玩具は存在していました。紀元前3000年頃の遺跡から小さな荷車や鳥の形をした笛などが見つかっています。日本では平城京跡などから木製の独楽が出土しており、平安時代には双六や鞠などが大陸から伝わっていました。玩具が商業的な製品となるのは、11世紀頃のことです。ヨーロッパで、工芸製品として作られた玩具が市場で販売されるようになると、流通や貿易によって取引されるようになりました。18世紀後半の産業革命によって、玩具産業は本格的に発展していきます。

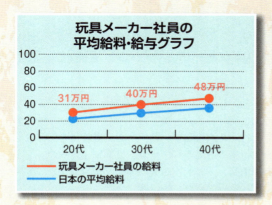

※給料の算出には上場企業のIR情報を参考にしております

◆玩具業界の動向・歴史的背景

江戸時代、こけしや独楽など日本の伝統玩具が多く作られました。明治時代に入ると西洋からブリキ製の乗り物玩具やセルロイド製の人形など当時最先端の玩具が輸入され、玩具産業は発展していきました。幼児教育で使う教育玩具などが現れたのもこの頃です。1960年代に入るとテレビアニメの放映により関連商品が大人気となり、その後のベビーブームの影響もあって業界は売上を伸ばしていきます。80年代には家庭用ゲーム機が登場し、玩具業界にもハイテク時代が到来しました。近年、少子化の影響により売上が伸び悩んでいる企業もありますが、「おもちゃは子供のもの」という既成概念を打ち破り、大人に向けたさまざまな製品を作ることで生き残りを図っています。

◆玩具業界の規模・特色

人形、ミニカー、ブロックなど子供向けの玩具から、食玩、フィギュア、カードゲーム、アイドル関係など、幅広い年齢層を対象にしたさまざまなジャンルの商品があり、企業によって得意とする分野が異なります。業界規模は約3500億円で、少子化による市場の縮小が喫緊の課題となっています。近年の『妖怪ウォッチ』や『アナと雪の女王』に代表されるように、ゲームやアニメ映画がヒットすると、関連商品が爆発的に売れて業界への追い風となることから、各社次のヒットを虎視眈々と狙っています。

玩具業界の慣例

玩具メーカーは子供のためのメーカーだけあって、育児休暇や出産祝い金など子育て支援の福利厚生が充実している企業が多いようです。一般的には営業を経験して、国内の玩具需要を把握した後に商品企画を担当するようになります。商品化されるまでに、年間1000本も企画を出す人もいるといいます。

✦玩具業界に向いているタイプ✦

子供の心を捉える斬新な発想のできる人が求められます。子供の目線を忘れないことが重要です。企画から開発、販売に至るまでには多くの職種の人と関わることになるため、コミュニケーション能力の高い人が向いているといえます。また、フィギュアの原型師などは手先が器用で造形能力の高いことが条件です。

◆玩具業界に関わる職種

玩具業界では、**企画・開発職**が重要な職種となっています。斬新で面白いアイデアがヒット商品を生むことになるので、普段の生活からネタを探し続けることになります。製品化された玩具を販売店や問屋などに売り込む**営業職**や、宣伝をする**広報職**も欠かせない存在です。そのほか、キャラクターや玩具の造形をデザインする**デザイナー**や、フィギュアを量産できるように原型を作る**原型師**、アイデアを実際の形にする**エンジニア**など、専門の技術をもった職人たちも、玩具業界で活躍しています。

企画職

※企画職は本書22ページおよび『日本の給料&職業図鑑 Plus』10ページに詳しく掲載

生活・公共サービス系/建設・不動産系

第8章 生活・公共サービス系／建設・不動産系

教育系企業社員

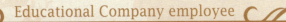
Educational Company employee

教えることによって、人はもう一度学ぶことができるのだ

教育系企業

進学や資格取得を目的とした教育を提供する。勉強を通じて生きるための知恵や力を授けることもあり、「業界の賢者」と呼ばれる。その道のスペシャリストになるには、鍛錬が必要となる。

146

教育業界の起源

紀元前8世紀頃の古代ギリシャでは、すでに教育が行われていました。軍事力の維持や文化の繁栄、優れた人間を形成するためには、教育が重要だと知られていたのです。日本では701年の大宝律令によって大学と国学などの学校が定められ、平安時代に入ると貴族の子弟が通う大学が栄えて、有力氏族が曹司と呼ばれる寄宿舎兼研究室を設けました。またその頃、空海の綜芸種智院など民衆のための教育機関も生まれました。江戸時代には寺子屋も誕生し、町人や百姓の子も読み書きそろばんを習うようになりました。

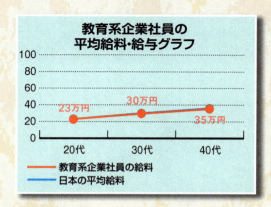 

◆教育業界の動向・歴史的背景

日本において、西洋諸国をモデルとした近代的な教育システムの導入が本格的に開始されたのは19世紀後半のことです。1871年に中央省庁として文部省が設置され、その翌年、日本で最初の体系的な教育法制として「学制」が制定されました。明治時代には東京専門学校（現早稲田大学）が、大正時代には日本女子大学が講義録を発行し、通信教育が始まりました。第二次世界大戦後、1950年代後半には都市部を中心に進学を目的とした学習塾が生まれ、1955年には福武書店（現ベネッセ）が創業。中学生向けの図書や生徒手帳発行を開始し、1962年には日本で初めての模擬試験を行いました。業界内の競争が激しくなると、合併や買収、連携が相次ぎ、現在も業界再編の動きが進行しています。

◆教育業界の規模・特色

教育業界は小・中・高校生など子供を対象とした進学向けと、社会人を対象としたキャリアアップや自己啓発のための学習の、おもに2分野によって成り立っています。業界規模は約4600億円です。少子化が問題となっていますが、子供にかける教育費は増加しており、市場規模が極端に縮小することはなさそうです。近年はインターネットが普及したことにより教育業界にもIT化の波が押し寄せ、タブレット端末を使ったプログラムや講座が人気です。また、英会話の必要性から社会人の受講者が増えています。

教育業界の慣例

老舗企業ほど教育に対する理想が高く、人を思いやる風土や、人材を大切にする社風となっています。女性が多いのも業界の特徴です。受験シーズンは稼ぎ時で忙しく残業も増えます。塾や予備校は夜間の勤務となるため、世間と時差が出るそうです。子供の成績アップがモチベーションとなります。

✦ 教育業界に向いているタイプ ✦

受験勉強や資格取得のための教育を提供する業界なので、学力があるのはもちろんのこと、向上心のある人が向いています。なかなか成績が上がらない生徒に対しても根気強く教える熱意と、優しさが求められます。塾や予備校では子供やその保護者とも接することになるため、コミュニケーション能力も必須です。

◆教育業界に関わる職種

進学向けの学習塾、大学予備校、社会人向けの語学学校や資格学校など、多くの教育サービスがあり、そこでは生徒に教える**教師**が活躍しています。**予備校講師**にはカリスマ的人気をもつ人もおり、テレビに出演したり書籍を出版したりしています。資格学校では、それぞれの資格をもつスペシャリストが**講師**として教鞭を執っています。そうした教師や講師を採用し配置する**人事職**の仕事も重要です。通信教育はDMでの販売促進や宣伝広告も盛んであり、**広報職**や**営業職**も欠かせない職種となっています。

●予備校講師になるには

資格は特に必要なく、昔から有名私大、国立大学生のアルバイトとして定着しています。予備校の取り扱う志望大学の卒業生で教育課程を修了した場合は、現在比較的有利です。医大系など専門性の高い大学の担当は時給が高く、1日3万円以上になるケースも多いようです。ただ少子化にともない、各校とも受講生確保に苦労しており、その影響は大きいようです。入社するといった場合は、他校での講師経験を求められることが多いです。有名校はほとんど、有名私立大学院卒や、国立系の大学卒だけで占められています。採用試験を受けて面接し、模擬授業を行うなど、通常の企業採用とあまり変わりはありません。転職が当たり前で、準大手から次々と予備校を渡り歩くことが多いともいわれています。

広報職

※広報職は本書23ページおよび『日本の給料＆職業図鑑 Plus』12ページに詳しく掲載

School Counselor
スクールカウンセラー

スクールカウンセラーの仕事内容として、文部科学省は次の4つを掲げています。「生徒へのカウンセリング業務」「カウンセリングなどに関する教職員・保護者に対するアドバイスや援助」「生徒のカウンセリングなどに関しての情報収集と提供」「そのほか、生徒のカウンセリングに関してそれぞれの学校において適切と認められるもの」です。カウンセリングは生徒とカウンセラーのみで成立するものではありません。親や教師と連携をとって問題解決にあたる必要があります。学校外の専門機関と連携をとり、情報収集を行うこともあります。自分の努力で子供の未来を切り開く仕事といえます。

> 子供に一番影響を与えるものは、親の精神状態です

スクールカウンセラーの平均給料・給与
24万円

20代の給料：19万円
30代の給料：24万円
40代の給料：30万円
初任給：19万円

※給料の算出には求人や口コミ、厚生労働省の労働白書を参考にしております

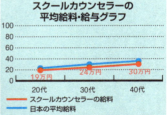

スクールカウンセラーの平均給料・給与グラフ

スクールカウンセラー

カウンセリング三賢者の1人。属性は「学」。生徒の抱えている心理的問題に対して相談にのるジョブ。生徒以外にも教員や保護者の相談にものることが多く、学校に通ずる人々を救済する。

スクールカウンセラーには、臨床心理士などの資格が必要です。基本的な受験資格は、あらかじめ臨床心理士養成に関する指定大学院または専門職大学院の修了とされています。求人はハローワークなどで探せます。職場としては、私立大学や専門学校が多いようです。小学校、中学校、高校からの求人は、都道府県の教育委員会の採用情報に掲載されます。たいていは欠員が出た場合のみ募集されるので、採用情報の掲載は不定期的です。

日本語教師

Japanese Language Teacher

日本語以外を母国語とする外国人向けに日本語を教える専門職です。おもな勤務先は、民間の日本語学校、企業、大学になります。勤務地を国内に限らなければ、中国、ベトナム、メキシコ、タイ、台湾、マレーシアやミャンマーなど、世界中が職場となり得る仕事といえます。深い語学知識や指導力が求められます。国籍や年齢、生活習慣などが異なる生徒と接するため、高いコミュニケーション能力も必要です。日本は文化的にも世界から注目されており、需要は高まる一方です。しかし、海外ではボランティアで働く人も多く、生活を支える仕事とするには人並み以上の努力が必要といえるでしょう。

あずき色・萌葱色（もえぎ）・紅藤色（べにふじ）を英語で表現することはできません

日本語教師の平均給料・給与

28万円

20代の給料：24万円
30代の給料：28万円
40代の給料：33万円
初任給：18万円〜

※給料の算出には求人や口コミ、厚生労働省の労働白書を参考にしております

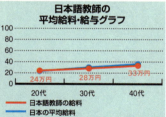

日本語教師

日本語を教える文化系ジョブ。別名「YAMATO伝承者」。外国人に日本語を教えるため、「英語」は必須スキル。語感の鋭さ・人柄・文化への精通など広く深い教養が必要である。

公的機関で教える場合は教員免許が必要で、日本語学校、企業、大学などで採用されるには、大学・大学院を卒業しているか、「日本語教師養成講座420時間修了」「日本語教育能力検定試験合格」が求められます。外国からの留学生や就業者は増えており、教師の数は慢性的に足りていません。国内だけでなく、アジアには日本語教師を求めている国が多くあります。日本語教育振興協会のサイトなどで募集を探してみるとよいでしょう。

大学教授

Professor

大学教授は、大学に所属して学生たちに講義を行ったり、ゼミや研究室を受け持って指導したり、研究や論文執筆をしたりする仕事です。国立大学教授は1コマ90分の講義を週に2～3コマ、私立大学教授は6～10コマ担当します。他大学で非常勤として講義を受け持ち、忙しく全国を回る教授もいます。講義やゼミがない日も研究のために出勤する教授は多く、論文をまとめて学会で発表したり、学会誌に投稿したりします。頻繁に海外視察や出張に行き、結果として休講が多い教授もいます。給料は安定しており、時間的制約も少ないため、多くの研究者にとって憧れの地位となっています。

知への責任を放棄しては、ひらめきはやってこない

大学教授の平均給料・給与

62万円

- 20代の給料：――
- 30代の給料：60万円
- 40代の給料：63万円
- 初任給：56万円

※給料の算出には求人や口コミ、厚生労働省の労働白書を参考にしております

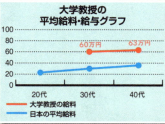

大学教授の平均給料・給与グラフ

- 大学教授の給料
- 日本の平均給料

大学教授

教職における最上位クラス。学問を教え授けることができる唯一無二の存在。博士号の称号をもつ賢者のうち、少数のみが辿り着く境地である。錬金術師や魔術師と称される者もいる。

大学教授になるには、大学院で博士号を取り、大学の研究室に入るのが一般的な道です。その後、助教→講師→准教授→教授とキャリアアップをしていきます。まれに経営者や作家などが教授として雇用されるケースもありますが、特例といえます。少子化の影響で国内における大学教授のポストは減っていく傾向にあります。しかし、海外の大学で実力と名を上げる日本人も増えてきました。アカデミズムに国境はないといえるでしょう。

研究者

Postdoctoral Resercher

研究者の仕事は、大学や研究機関、企業での研究です。大学で働く、いわゆるポストドクターの場合は、教授のもとにつきます。通常は、教授の研究テーマがそのまま自分の研究テーマになります。研究以外に、事務仕事や院生指導、論文作成などの雑務も行います。企業の研究者は、おもに商品開発につながる研究です。研究者は地道でいつ成果が出るかわからない仕事です。同じテーマを扱う研究者に、先に発見や発明をされた場合、それまでの研究が無駄になることもあり得ます。大学などでは、報酬も少なく、立場の弱い研究者も多くいます。それでも未来を作るため日々研究を続けています。

さあ我の元に集え！いでよ！STAP細胞！！

研究者の平均給料・給与

22万円

- 20代の給料：20万円
- 30代の給料：25万円
- 40代の給料：28万円
- 初任給：18万円

※給料の算出には求人や口コミ、厚生労働省の労働白書を参考にしております

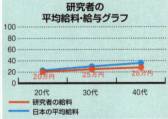

研究者の平均給料・給与グラフ

研究者

「博士号」を取得し、大学や企業で真理を探求し続けるジョブ。装備「ピペット」は、少量の液体を吸い取ったり、移動したり、計量したりと研究には欠かせない道具である。将来、教授にクラスチェンジ可能。

目指す研究分野の大学・大学院を卒業する必要があります。例えば、食品メーカーならバイオ系や化学系、自動車メーカーなら理工学系の出身者が研究職となります。一般職で入社し、研究職に移る人もいますが、その分野の勉強および研究歴が皆無の人はまずいません。国や自治体の研究所で働く研究者は公務員です。公務員試験か研究所が独自に行う試験に受かる必要があります。安定した職場ですが、募集枠が少なく狭き門です。

Librarian
図書館司書

図書館司書は、公共図書館や大学図書館、国会図書館などに勤務し、資料の整理、書籍の管理、受付業務や書籍の貸出業務などを行う仕事です。図書館で開催されるイベント企画を考え、実施を手伝うこともあります。図書館に置くにふさわしい本を選ぶのも業務のひとつです。そして、来館者の要望に応えて、ぴったりの本を在庫から探したり、集めたりもします。本が好きなことに加えて、本を読む人のことも好きならばぴったりの仕事といえるでしょう。探究心が強く、探し物が好きな性格の人にはもってこいの仕事です。簡単なパソコン入力作業の時間以外は、本にふれて過ごせる仕事です。

10万冊読んでも、人生は変えられないものですね

図書館司書の平均給料・給与
28万円

- 20代の給料：23万円
- 30代の給料：29万円
- 40代の給料：33万円
- 初任給：18万円

※給料の算出には求人や口コミ、厚生労働省の労働白書を参考にしております

図書館司書になる資格は司書講習を受講するほか、大学・短大で所定の単位を履修すれば取得できます。資格に年齢制限はありません。しかし、司書として採用されるには、各自治体の採用試験に合格し、図書館に配属される必要があります。仕事に就いてからは、幅広い業務を手掛けることになります。年齢層も趣味もさまざまな来館者と接するので、文学、時事ニュース、科学、歴史など、さまざまな知識が必要です。また、力仕事の側面もあります。

図書館司書

別名「本を統べる者」。図書館にある本を管理したり、本の貸し借りに関する受付業務を行う。探している本を一発で探し当てるトレジャースキル「検索システム」を使いこなす。

通訳

Interpreter

異なる言語を話す人たちの間で、言葉のやりとりをサポートする仕事です。商談や学術会議、政府間の交渉、来日したミュージシャンらの通訳といった華やかな現場から、犯罪に関与した外国人の聴取や裁判、医療現場での外国人患者のサポートなどまでさまざまな場所で必要とされます。英会話がこなせるだけでなく、各々の現場に応じた専門的な内容を理解し、訳すスキルが必要となります。通訳には、スピーカーの発言を聞くと同時に訳し話していく「同時通訳」、発言者と通訳者が交互に話す「逐次通訳」、放送などを見ながら原稿を作り、訳を声でかぶせる「時差通訳」などがあります。

バベルの塔を再建するのが私たちの使命です

通訳の平均給料・給与
50万円

- 20代の給料：35万円
- 30代の給料：50万円
- 40代の給料：63万円
- 初任給：3万円〜

※給料の算出には求人や口コミ、厚生労働省の労働白書を参考にしております

通訳の平均給料・給与グラフ

- 通訳の給料
- 日本の平均給料

通訳

さまざまな言語のスペシャリスト。神の意思によって引き裂かれた言葉を統一するジョブ。通訳により、世界の言語が1つになったとき、バベルの塔が再び建てられることになるだろう。

通訳になるには外国語を話せる必要があります。独学や留学、英会話スクールに通うなどして語学力を身につけます。外国語を話せるようになったなら、通訳スキルを学びましょう。大学によっては通訳コースが設置されています。また、通訳者養成スクールに通い、通訳の基礎から逐次通訳、同時通訳と段階を追って習得してもよいでしょう。スキルを身につけたら、通訳エージェント（通訳会社）などに登録し、仕事を請けます。

Care Manager
ケアマネージャー

ケアマネージャーは、介護相談と給付計画（ケアプラン）の作成、要介護認定の書類作成代行を行う専門職です。要介護認定を受けた方や家族からの相談に応じて、自治体や事業者と調整して訪問介護や介護施設などを斡旋します。その方の自宅で高齢者をサポートする居宅ケアマネージャーと、特別養護老人ホームなど施設の高齢者をサポートする施設ケアマネージャーがあります。高齢者の介護に必要不可欠な存在です。介護が必要な家族をもつ人にとって、最適なケアプランを提案してくれる存在は、どれほど助かるかわかりません。人と社会の役に立つやりがいの大きな仕事です。

死が訪れつつあっても怒りを燃やしましょう。怒りをもって死に抗（あらが）うのです！

ケアマネージャーの平均給料・給与
24 万円

20代の給料：21万円
30代の給料：24万円
40代の給料：28万円
初任給：22万円

※給料の算出には求人や口コミ、厚生労働省の労働白書を参考にしております

ケアマネージャーの平均給料・給与グラフ

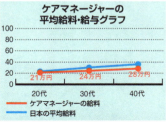

ケアマネージャー

介護プラン作成や介護支援を分析する介護8天使の1人。要介護認定などを受けた介護者の給付計画を立てたり、相談に乗ったりもできる指南役的存在。別名「コーチングエンジェル」。

ケアマネージャーになるには、国家資格が必要です。受験資格は、保健・医療・福祉分野で5年以上の実務経験があることです。「介護支援専門員実務研修受講試験」に合格後、介護支援専門員実務研修を修了し、介護支援専門員証の交付を受けます。おもな職場は病院や介護福祉施設となります。現在、ケアマネージャーの7〜8割が女性で、子育てをしながら続ける人が多くいます。夜勤がないため、家庭と仕事を両立しやすいようです。

介護・福祉系企業社員

行きましょう。行きましょう。
あの人を助けに行きましょう!!

介護・福祉系企業

老いやケガ、生まれつき不自由な人々を助け、この世に生きる喜びを伝える。「業界の天使」とも呼ばれる。在宅老人ホーム以外にも、介護用品などに注力しはじめている。

介護・福祉業界の起源

社会福祉の歴史は、自立支援ではなく他者からの援助というかたちが長らく続きました。日本においては、聖徳太子や行基、光明皇后といった人物が身寄りのない者や老人、病人など困窮者のために施設を作りました。彼らの行った活動の基盤は、仏教に根ざす慈善救済であり、皇室の儒教思想にもとづく救済事業でした。戦国時代にはキリスト教の慈善も伝来しました。1874年（明治7年）には最初の近代的公的扶助立法といわれた「恤救規則」が発布され、身寄りのない貧困者へ米代が支給されました。

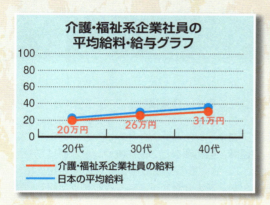

◆介護・福祉業界の動向・歴史的背景

明治時代に恤救規則が制定されたものの、本格的に福祉事業が始まったのは第二次世界大戦後となります。戦後、職のない復員軍人や、稼ぎ頭を失った遺族など経済的に困窮した人たちへの対応が急がれ、生活保護法が制定されました。戦争孤児のための児童福祉法が制定され、児童養護施設が次々と作られました。傷痍軍人の救済のために身体障害者福祉法も制定されました。老人ホームは、生活保護法にもとづいて、高齢者向けに国が設置した「養老院」がその起源となります。高度経済成長に押され、1960年代には国民皆保険が達成され、2000年に介護保険制度がスタートしました。福祉業界は時代の流れや法律に対応しながら、高齢化社会の波に乗り市場を大幅に拡大しています。業界に対する需要は今後も伸び続けると予測されます。

◆介護・福祉業界の規模・特色

高齢者や障がい者など、日常生活に支障がある人々のためのサービスを行うのが介護・福祉業界です。要介護認定を受けた高齢者に訪問介護や通所介護などの在宅サービスを行ったり、特別養護老人ホームなどの施設サービスを提供したりしています。業界規模は約4900億円です。高齢者の割合は年々増加しており、それにともなって次々に新たな施設やサービス、組織が展開され、急速に市場が拡大しています。しかし、それらを担う人材が不足しており、人材の確保と育成が福祉業界の課題となっています。

介護・福祉業界の慣例

人手不足から、資格と経歴があればどこの施設でも引く手あまたとなっています。介護の現場は体力勝負であり、腰痛を抱えている人も多く、コルセットはお守り代わりだそう。鳴ってもいないのにナースコールが聞こえた気がしたり、いつの間にか相撲に詳しくなっているのも介護業界で働く人にはよくあるそうです。

✦介護・福祉業界に向いているタイプ✦

人の気持ちに寄り添うことができる優しい性格の人が向いています。しかし綺麗事だけでは済まない仕事もあるので、ある意味「仕事は仕事」とビジネスライクに割り切ることも時には必要になります。また、人を持ち上げたり支えたり介助するには体力も必要なので、健康に自信がある人のほうがよいでしょう。

◆介護・福祉業界に関わる職種

介護・福祉業界を支えている、もっとも重要な職種は**介護福祉士**です。実際の介護を担当する職業で、年々需要は高くなっているのにもかかわらず、人手不足が大きな問題となっています。ケアプランを作成する**ケアマネージャー**も欠かせない存在です。そのほか、医療行為を担当する**看護師**や各科の**医師**、**歯科医**などの医療職や、リハビリを担当する**理学療法士**も業界には必要な人材です。要介護者や困っている人の生活を支援する、**社会福祉士**や**ソーシャルワーカー**なども、老人介護だけでなく福祉業界全般で活躍しています。

介護福祉士

※介護福祉士は『日本の給料＆職業図鑑 Plus』40ページに詳しく掲載

Column 4
医療の仕事

内科医

医療職というのは人の命を救う、非常にやりがいがある仕事です。また、高収入や好待遇であることも多く、転職にも困らないといったメリットもあります。しかし、ストレスも多く、不規則で多忙な労働環境などから人手不足になりがちな業界でもあります。

厚生労働省の調査によると、約30万人の「医師」が病院で働いており、およそ8割が男性といわれています。精神科医、外科医、眼科医、産婦人科医、麻酔科医、内科医など多くの専門医がいます。平均年収は1200万円以上という高収入の職業ですが、医師になるためには、膨大な時間とお金がかかります。大学を卒業して国家試験に合格し、臨床研修をへて医師となるまでには少なくとも8年はかかり、私立大学の高額な学費のローンを返しながら働く医師もいます。独立開業すると年収は上がるといわれており、勤務医の2〜3倍以上の年収となる人もいます。

看護師

医療職でもっとも多いのが「看護師」です。約80万人が病院に勤務しており、診療所、助産所、介護施設などに勤務する人や准看護師を合わせると、約150万人が従事していることになります。医師のサポートをして患者のケアをするのが仕事です。女性でも400万〜500万円と比較的高水準の年収であり、勤務先もたくさんあります。ただし、夜勤もありハードな仕事のため、心身ともにタフでなければ勤まりません。

そのほか、リハビリを担当する「理学療法士」、レントゲン検査をする「放射線技師」、カウンセリングをする「臨床心理士」、薬の調合や販売をする「薬剤師」、医療機器のスペシャリストである「臨床工学技士」なども医療業界で活躍しています。

臨床心理士

医療業界は一般企業とは少し性質が異なるため、9章「その他の職業」でいくつかの職業を扱いました。高齢化社会にともない、需要が高まる医療職。誰かの役に立ちたい、やりがいをもって働きたいという人を、医療業界は常に求めています。

※内科医は『日本の給料&職業図鑑』116ページ、看護師は同書125ページ、臨床心理士は『日本の給料&職業図鑑 Plus』49ページに詳しく掲載

159

第8章 生活・公共サービス系／建設・不動産系

不動産会社社員

Real Estate Company employee

土地の価値は、そこに住む人間の価値によって変わる！

不動産会社

人が住む場所、畑、道路と、さまざまな用途に不可欠な「土地」や「建物」を扱う。別名「業界の母」。不動産鑑定士や宅地建物取引士を率いて不動産の価値を算出し、販売、管理、仲介をしている。

不動産業界の起源・動向

江戸時代に長屋という賃貸住居が現れ、これが日本における不動産業の誕生といわれています。商人や大地主がオーナーでした。また、不動産の管理だけを仕事として請け負う「差配人(さはいにん)」もいました。明治時代に民法が施行されると、個人の仲介業者や不動産会社が誕生し、近代的な都市開発とともに市場を広げていきました。現在では不動産は投資の対象にもなっています。

◆不動産業界の規模・特色
不動産業界には、開発用地を取得して住居やオフィスビル、商業施設などを開発するデベロッパーや、物件の売買や賃貸をする販売業者や仲介業者、さらには物件の管理を行う管理会社などがあります。業界規模は約5兆1400億円で、三井不動産や三菱地所、住友不動産などの旧財閥系の大手から個人経営の零細企業まで、格差の激しい業界です。少子高齢化による人口減少は不安要素ではありますが、都心の再開発や震災の復興事業など、時代のニーズに対応することで生き残りをかけています。

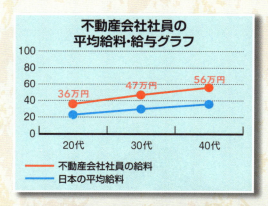

不動産業界の慣例

「家」という高額な商品を売る仕事であり、営業マンのプレッシャーは大きいです。クールな表情をしつつ内心ドキドキしながら営業をするといいます。経験を積むと運転技術が向上し、地図を見ないで物件まで行けるようになります。実力重視であり、優秀な営業マンが社長にまで上り詰めることもあります。

✦不動産業界に向いているタイプ✦

家は一世一代の買い物となることも多く、客に購入の決意をさせるのは大変です。セールストークに長け、押しの強さをもっているタフな人が向いているといえます。アフターケアも大切なので、細やかな気配りができることも重要です。時代の流れやトレンドに敏感なことも求められる資質となります。

◆不動産業界に関わる職種
不動産業界では住宅を販売する**営業職**が活躍しています。宅地建物取引士の資格をもっていなければ住宅売買に関する重要事項を顧客に説明することはできません。ノルマもありますが、売上次第でボーナスや出世が望めます。土地の適正価格や地価を判断する**不動産鑑定士**も重要な職種です。不動産利用に関するコンサルタント的な役割も果たします。土地や家屋の測量・調査・図面作成から登記業務を行う**土地家屋調査士**もいます。住宅を設計する**建築士**や、**インテリアコーディネーター**なども業界で働いています。

第8章 生活・公共サービス系／建設・不動産系

建設会社社員
Construction Company employee

雨にも負けず風にも負けず、台風にも、地震にも負けない

建設会社

雨風をしのいだり、人が活動できる場所など、建造物を生み出す。工事全体をとりまとめる建設業界は、ゼネコンと呼ばれているが、さらに一線を超えたゼネコンはスーパーゼネコンと呼ばれる。

建設業界の起源

建設とは、建造物を作ることや土木工事までを含めています。土木工事は、川の流れをコントロールするための「治水」から始まりました。治水の始まりは、文明の始まりと深い関係があります。人口が増えるに従って安定した農耕体制を確立する必要に迫られ、治水と灌漑の技術が導入されました。メソポタミア文明では、紀元前4000年頃に治水・灌漑が開始されたといわれています。やがて、神殿や巨大建造物が作られるようになりました。古代エジプト文明でピラミッドが建設されたのは紀元前2500年頃のことです。

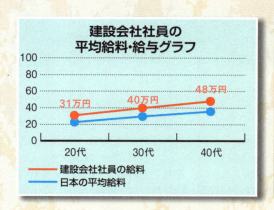

◆建設業界の動向・歴史的背景

明治以前、建設という言葉はまだなく、「普請」と呼んでいました。現在でも家を建てることを「普請する」ともいいます。貨幣経済の発達前は、近隣と協力して家屋を建てていましたが、経済が発展するに従い大工や鳶職、石工、左官、材木商などの職業が生まれ、築城や公共事業にも参加しました。寺社仏閣を建造するためには、専門的な技術が必要でした。聖徳太子は四天王寺建立のため百済から技術者を招き、そのうちの1人が金剛組という建設会社を578年に創業しました。現存する世界最古の企業です。現在の大手ゼネコンのルーツは江戸時代終盤から明治時代前半にあります。政府主導でインフラ整備が急速に進められ、業界は発展していきました。時代とともに生まれる新材料と新工法を取り入れながら、現在も進化し続けています。

◆建設業界の規模・特色

政府や企業などが発注した建設工事を請け負うのが建設業者です。業界規模は7兆9656億円で、総合建設業者（ゼネコン）を頂点に、専門の工事業者などが下請け、孫請けとなるピラミッド構造が特徴となっています。業務は土木と建築に大きく分けられています。土木は道路やダムなど、公共事業によるインフラ整備を行い、建築は不動産会社やデベロッパーなどの注文でビルやマンションなどを建設します。震災復興や東京オリンピックで需要は高まっていますが、技術者の人手不足が問題となっています。

建設業界の慣例

天候に左右される現場ですが、「人間は雨に濡れても、機材は濡らすな」というルールがあります。現場での挨拶は、おはようございますも、お疲れさまですも、すべて「ご安全に！」で通じるそうです。普段からつい壁を叩いたり、床を踏みしめたり、工法に思いを馳せてしまうのは職業病かもしれません。

✦ 建設業界に向いているタイプ ✦

男性中心の体育会系の業界です。建設現場で働くには、体力がなければ勤まりません。職人的な技術を身につけたり、資格を取得したりするためには、地道な努力をする勤勉さも必要です。多くの人たちと協力して作業をすることになるので、コミュニケーション能力も求められます。

◆建設業界に関わる職種

建設業界には多くの専門的な技術や資格をもつ職人たちが働いています。土台を作る基礎工事には、ブルドーザーやショベル、クレーン、ダンプなどの重機を使って働く**土木作業員**や、**クレーン運転士**が活躍しています。また、高所作業を得意とする**鳶職**などもいます。柱や屋根、床など建物の構造部分を作る作業には、**鉄筋工**や、**大工**が従事し、**現場監督**が現場をまとめます。外装や内装の作業は、**左官**や**塗装工**が行います。そのほか、建物から橋まで建築する**一級建築士**も建設業界には欠かせない職種です。

土木作業員

一級建築士

※土木作業員は『日本の給料＆職業図鑑 Plus』88ページ、一級建築士は同書110ページに詳しく掲載

第9章

その他の職業

エステティシャン

Esthetician

第9章 その他の職業

エステティシャンは、美容の総合職です。ボディケア、マッサージ、フェイシャルトリートメント、カウンセリングはもとより、ネイリストやヘアデザイナーと兼業するケースも増えてきました。日頃から磨いた施術テクニックと美容知識とセンスで、来店時にはつらい症状やコンプレックスから来る悩みを抱えていたお客様を、帰るときには笑顔にします。文字通り、自らの手でお客様を癒やせる部分にやりがいを感じている人は多いようです。技術も感覚も磨き続けないとついていけない厳しい仕事ですが、美容にこだわりがある人にとっては、お客様とともに美を目指せる最高の職業といえます。

痛みを美しさに変える手刀の準備が整いました。セイッ！

エステティシャンの平均給料・給与

22万円

20代の給料：19万円
30代の給料：23万円
40代の給料：24万円
初任給：18万円

※給料の算出には求人や口コミ、厚生労働省の労働白書を参考にしております

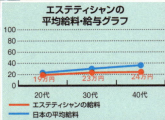

エステティシャンになるのに資格はいりません。しかし、技術や知識が大切な仕事ですから養成学校に通うことをおすすめします。化粧品メーカー提携、大手エステティックサロン経営など、さまざまなスクールがあります。これらに通いながら、サロンで実務経験を積みましょう。もし、余裕があるなら、海外のエステスクールで、高等技術者（BTS）の資格を得ておくと有利です。海外留学のブランド力は就職に有利になります。

エステティシャン

手技を使い人体の悩みを解決するジョブ。柔らかなオーラをまとい、人体に気持ちよい拳や手刀を打ち込む。「脱毛」「手わざマッサージ」「フェイシャルリフト」などの多彩な美技スキルをもつ。

リフレクソロジスト
Reflexologist

リフレクソロジストは、足の裏や手のひらにある「反射区」を、手指で刺激する施術を行う仕事です。疲労回復やリラクゼーションに効果があるといわれています。施術スタイルにはさまざまなバリエーションがあります。英国式、台湾式など足裏への刺激を専門に行ったり、ストレッチや整体、骨盤矯正を取り入れたり、アロマセラピーと併用したりなど、サロンや店舗によってさまざまです。いずれも利用する方に癒やしを与えることが目的です。医療や福祉、介護の現場でリフレクソロジーを取り入れる施設もあります。活躍の場は広いといえるでしょう。

揉んで、押して、伸ばし、最後にじっくり考えます

リフレクソロジストの平均給料・給与
22万円

- 20代の給料：20万円
- 30代の給料：22万円
- 40代の給料：24万円
- 初任給：17万円～

※給料の算出には求人や口コミ、厚生労働省の労働白書を参考にしております

リフレクソロジストの平均給料・給与グラフ

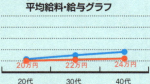

- リフレクソロジストの給料
- 日本の平均給料

リフレクソロジスト

癒やし療法系ジョブ。「反射学」をもとに構築された民間療法。足裏を刺激し、特定部位の疲労を改善する。別名「足裏の僧侶」。痛みの強い「台湾式」と紳士的な「英国式」がある。

リフレクソロジストに公的な資格はありませんが、国内には協会やサロンが認定するスクールや民間資格がいくつもあります。これらには資格取得後に系列店で働くことを紹介するケースもあるようです。募集は求人サイトや求人情報誌で見つけられます。就業先としては、リフレクソロジーサロン以外にもエステサロンやリラクゼーションサロン、スパやサウナ、整体院やフィットネスジムなど、さまざまな場所で需要があります。

Cosmetic Surgeon
美容整形外科医

美容整形外科医は、美しくなりたいという方を医療の面からサポートする仕事です。肌のシミ・くすみの除去や脂肪吸引、わきが治療、顔のたるみ・シワの改善といった、アンチエイジングや容貌のコンプレックスについて、外科手術などで対処していきます。もともとは、患者の身体欠損などや部位の変形に対して外科手術で矯正していく医師でしたが、近年では、おもに美容目的の手術を行う外科医を指しています。独立開業医が多く、ほとんどが自由診療のため手術費用は高額となりがちです。それにともなって、医師の中でも収入は比較的高くなっています。

可愛いは盛れるけど
内面の可愛さは盛れないわよ

美容整形外科医の平均給料・給与
140万円

20代の給料：45万円
30代の給料：80万円
40代の給料：166万円
初任給：36万円〜

※給料の算出には求人や口コミ、厚生労働省の労働白書を参考にしております

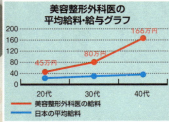

美容整形外科医の平均給料・給与グラフ

医学部をへて、医師国家試験に合格することが最初の一歩です。ほかの科の医師と同様に、主たる科の研修を終えてから美容外科クリニックに就職して勤務医となるか、形成外科などの他科をへてから転職もしくは独立開業するケースが多いようです。美容整形外科医の求人は、各クリニックのサイトや、医師専門の求人サイトで行われています。医師免許所持者ならば、他科からの転身でも歓迎のクリニックが多いようです。

美容整形外科医

「美しさ」「美意識」を絶対的な価値観に置き、人間の外見を改善する手術を得意とする医術職。「若返り」「豊胸」「小顔」など、そのスキルは多岐にわたる。医師免許以外に精密さや美的感覚も必須。

Dental Technician
歯科技工士

歯科技工士は、歯の詰め物や入れ歯などを作る仕事です。歯科衛生士や歯科医師から依頼を受け、患者の口や歯の形に合う義歯や補綴物(ほてつぶつ)を作ります。口腔関連だけではなく、義眼や義指などの製作を手掛ける人もいます。現在、歯科技工業界は大きな変革期に差し掛かっています。デジタル化により、CAD/CAM機器や3Dプリンターなどの導入が急ピッチで進んでいます。また、ジルコニアやセラミックス、キャスタブルクラウン（ガラスを原料とした義歯）など新素材が研究開発されています。日本の歯科技工は世界でもトップクラスの技術力であり、今後に大きな注目が寄せられています。

俺の研磨は星の輝きを蘇らせる！
光を作る研磨だ！

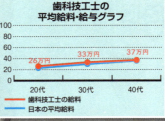

歯科技工士の平均給料・給与
35万円

20代の給料：26万円
30代の給料：33万円
40代の給料：37万円
初任給：15〜18万円

※給料の算出には求人や口コミ、厚生労働省の労働白書を参考にしております

歯科技工士の平均給料・給与グラフ

歯科技工士
医療技術系ジョブの１つ。銀歯や差歯、義歯を精製する。スキル「審美眼」は必須スキル。ベテランクラスになると、巨大研磨機を駆使し、超研磨技「ギガグラインドブレイク」を発動させる。

歯科技工士になるには、2〜4年の養成機関（大学・短期大学・専門学校）で勉強し、国家試験に合格する必要があります。卒業および合格後は、歯科技工所や歯科医院に就職します。求人募集はホームページや求人サイトに掲載されています。歯科医師も歯科技工を扱うことはできますが、高度で精密な技術は歯科技工士にまかせている医院が数多くあります。歯科医師とともに歯科医療の現場を支える大切な技術専門職といえるでしょう。

169

医療事務

Medical Assistant

第9章 その他の職業

病院や診療所における事務と雑務が医療事務の仕事内容です。おもにレセプト処理と呼ばれる診療報酬明細書の作成をはじめ、カルテ出し、パソコン入力、介添え、電話対応、洗い物など、さまざまな作業を行います。受付窓口、つまり「病院の顔」として、保険証や診察券を確認したり、処方箋についての説明など患者さんと接する機会も多く、ある程度のコミュニケーション能力が必要です。また、入退院手続きなど看護師ら医療スタッフを助ける作業もあります。医療事務員の丁寧さと気配りは患者さんからの印象にも大きく影響します。医療以外のあらゆる面で病院を支える仕事といえるでしょう。

病気が治るよう、あなたの診察券に魔法をかけました♥

医療事務の平均給料・給与

19万円

- 20代の給料：16万円
- 30代の給料：17万円
- 40代の給料：21万円
- 初任給：10万円～

※給料の算出には求人や口コミ、厚生労働省の労働白書を参考にしております

医療事務の平均給料・給与グラフ

医療事務

別名「カルテの天使」。看護師が治療補助で癒やしを与えるなら、医療事務は受付で安心を与える。カルテ整理のほか清算業務も行う。アシストスキル「問診票」で、医師のスムーズな診察を支える。

高齢化が進み、医療業界は市場が拡大傾向にあります。そのため医療事務の求人は増加しており、医療事務専門の求人サイトなどに、数多くの募集が掲載されています。病院以外にも調剤薬局や介護施設などでも求められています。医療事務に資格は必要ありませんが、各種技能検定や民間資格があります。医療事務の仕事は、月末のレセプト請求期間以外は、基本的に残業や早出はなく、子供のいる主婦にも働きやすい職場といえるでしょう。

移植コーディネーター

Transplant Coordinator

移植コーディネーターとは、ドナーから提供された臓器が適切な患者に移植されるよう、調整、斡旋する仕事です。臓器の提供者（ドナー）側と、移植患者（レシピエント）側、両者にコーディネーターが存在します。提供者側のドナーコーディネーターは、ドナーの家族と面談し、意思決定を支援します。臓器移植に関する普及啓蒙活動も行います。日本で「移植コーディネーター」というと、このドナーコーディネーターのことを指す場合が多く、移植患者側のレシピエントコーディネーターは、おもに移植医や看護師などが担当し、移植希望者への説明や生活指導、心身のケアを行います。

その場で決断を迫ることが一番大変な仕事です

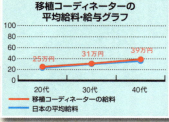

移植コーディネーターの平均給料・給与

32万円

- 20代の給料：25万円
- 30代の給料：31万円
- 40代の給料：39万円
- 初任給：21万円

※給料の算出には求人や口コミ、厚生労働省の労働白書を参考にしております

移植コーディネーター

第8の調停者。臓器移植のために、レシピエントとクライアントの架橋を作るジョブ。機会を逃さぬため、契約武器「印鑑」を常に携帯している。看護師からクラスチェンジでなる者もいる。

「（公社）日本臓器移植ネットワーク」というホームページに全国の募集情報が掲載されます。こちらに応募するのが移植コーディネーターになる近道です。募集は不定期で少数です。採用後、団体の行う試験に合格すると、業務に就くことになります。また、病院によっては、実務経験のある看護師が移植コーディネーターとして兼務しているところもあります。この場合は、レシピエントコーディネーターとして活動することになります。

芸能マネージャー

Talent Agent

第9章 その他の職業

芸能マネージャーのおもな仕事は、担当タレントのスケジュール管理と営業です。タレントは信用が命、スケジュールの遅れは仕事を失う事態に直結します。報酬や知名度アップにつながる「おいしい仕事」を取ってこられるかもマネージャー次第。現場の関係者にタレントと自分自身を売り込んで、次の仕事につなげていきます。さらに、タレントをどう売っていくか、どうすれば売れるのか、タレント本人や事務所のスタッフと一緒に考え、仕事の方向性を考えるのも大切な仕事です。芸人を役者にしたり、アイドルをキャスターにしたりなど、タレントを育てる仕事の作り方を考えていきます。

次の現場まであと10分で移動開始

称賛を浴びた後は嫉妬が待っているわ。それが芸能界

芸能マネージャーの平均給料・給与

27万円

20代の給料：23万円
30代の給料：28万円
40代の給料：30万円
初任給：19万円～

※給料の算出には求人や口コミ、厚生労働省の労働白書を参考にしております

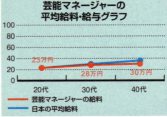

芸能マネージャーの平均給料・給与グラフ

芸能マネージャー

タレントの活動をサポートする後方支援型ジョブ。スケジュール管理・営業活動などを得意とする。裏方「KUROKO」から始まるが、アイドルや俳優を操る上級職「傀儡士」となる者もいる。

芸能マネージャーに資格は必要ありませんが、「普通自動車免許」は必須条件となります。また、芸能プロダクションも会社組織なので、大卒のほうが入社しやすいようです。学生時代にサークル活動などを通じて、人脈をつくり、学生という立場を利用していろいろな場所に赴いて経験を積んだ人がマネージャーとしても活躍しています。芸能マネージャーの募集は求人誌や転職支援サイトのほか、芸能事務所のホームページにも掲載されています。

Choreographer

振付師

振付師は、ダンサーや歌手にダンスの振りを付ける仕事です。テレビ、映画、舞台、CMなど、活動の場は多岐にわたります。アイドル歌手などはデビューから一貫して同じ振付師が担当する場合も多く、個々の癖や得意な部分を生かした踊りを付けてくれるなど、裏方として重要な存在となっています。ダンスの実力はもちろんですが、指導力やコミュニケーション能力も必要とされます。スポーツの世界、新体操やフィギュアスケート、シンクロナイズドスイミングなどにも振付師はいますが、競技選手出身者が多く、いわゆる芸能界で活躍する振付師とは異なるキャリアを積んでいます。

さあ、踊るのです！踊り狂って世を直すのです！

振付師の平均給料・給与

40万円

20代の給料：40万円
30代の給料：40万円
40代の給料：40万円
初任給：20万円〜

※給料の算出には求人や口コミ、厚生労働省の労働白書を参考にしております

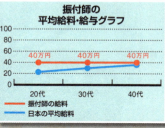

振付師の平均給料・給与グラフ

現役のダンサーや引退したダンサーが振付師になるケースが一般的です。まずはダンサーとして、実力を磨き、実績を積むことが大切になります。振付とは、創作ダンスの一種でもあります。日本舞踊、ヒップホップ、ジャズダンス、ソシアルダンスなど、さまざまな踊りに精通し、面白い動きのアイデアを考えられる人が向いているでしょう。オファーを受ける有名どころ以外はオーディションを受けて仕事を獲得するのが一般的です。

振付師

曲・CMに踊り・舞を付け、歌手やダンサーに振付を教えるジョブ。作った舞を覚えた人は「パペッター」と化し、人を魅了するダンスや歌を披露する。インパクトのある振付で、流行させることも。

忍者

Ninja

現代の忍者は、基本的にテーマパークの従業員です。アトラクションに「忍者」として出演します。殺陣や忍術など刃物や火を扱うほか、バック転などの華麗な体技、芝居をこなす演技力が求められます。また、舞台上での華やかな姿に加えて、舞台の合間には入場チケットを切ったり、お客様を案内したり、ショーの音響や照明の操作など、裏表何役もこなす場合もあります。さらに、子供たちへの手裏剣や忍術指南など、お客様との触れ合いも必要なため、コミュニケーション能力も磨く必要があります。いくつもの姿をもつ仕事内容はある意味、とても忍者らしいといえるでしょう。

天に変わってお前に魅せる！
天誅！

忍者の平均給料・給与
20万円

- 20代の給料：20万円
- 30代の給料：25万円
- 40代の給料：30万円
- 初任給：15万円

※給料の算出には求人や口コミ、厚生労働省の労働白書を参考にしております

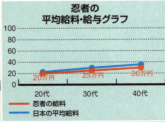

忍者の平均給料・給与グラフ

忍者

現代にエンターテインメントとして蘇った忍び系ジョブ。別名「エンターテインメント忍者」。手裏剣の投げ方や殺陣、忍術のほか、音響操作や照明を扱うスキル「裏忍術」の習得も必須である。

忍者になるには、テーマパークに応募するのが一般的な方法です。資格はありませんが、アクション役者的な側面が強いため、体力がない場合は厳しいでしょう。演劇部や運動部出身などの経歴があると有利かもしれません。手裏剣や殺陣、武術、演技などは、採用後に修行をします。テーマパークにとって忍者は役者です。実際に忍者ショー出身の映画俳優もおり、夢へのステップと考えている若い忍者もいるようです。

Florist
花屋さん

花屋さんの朝は、花卉市場へ仕入れに向かうか、契約農家などから届いた花の陳列から始まります。季節の需要や立地に合った客層を考慮して売れそうな花を買い付けます。次に花を店内で水揚げします。一般的な花ならば、余分な葉っぱやトゲの処理、茎をカットするか手で折るか。枝ものならば茎の割り方、葉ものならば全体を水に沈めたりなど、種類によって水揚げ方法はさまざま。経験と知識がいる作業です。さらに水替えや温度管理など、細心の注意を払って鮮度を保ちます。もちろん、接客やラッピングも欠かせませんし、重い物の移動も頻繁です。花の美しさを支える総合的な仕事といえます。

花と人は、古来より一心同体の関係である！

花屋さんの平均給料・給与
20万円

- 20代の給料：15万円
- 30代の給料：18万円
- 40代の給料：25万円
- 初任給：15万円～

※給料の算出には求人や口コミ、厚生労働省の労働白書を参考にしております

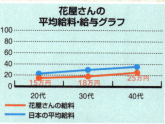

花屋さんの平均給料・給与グラフ

花屋さん

精神回復系ジョブ。お花の力で状態異常を緩和させるスペシャリスト。「フラワードクター」と呼ばれる。スキル「フラワーアレンジメント」で、花をより一層、美しく輝かせる。

花屋さんになるために資格も学歴も必要ありません。しかし、農業大学や短大の園芸科、専門学校など必要なことを学べる道は多いです。学生として、園芸やフラワーアレンジの勉強をしつつ、花屋さんでアルバイトをするのもよいでしょう。花屋さんの求人は花業界専門の求人サイトに出ていますし、店頭の貼紙で募集している店も多くあります。アルバイトとして経験を積み、チェーン店などの正社員をステップとして、独立開業を目指す人も多いようです。

書店員

Bookseller

書店員には、お客様に本を売ることですが、それ以外にもさまざまな作業があります。まずその日に入荷した本の送り状と実際に入荷した本に間違いがないか検品と分類をします。もし間違いがあれば取次店に連絡を取るなどの対応をします。そして店頭に本を陳列します。ポップを書いたり、おすすめ棚を作るといった企画を行うこともあります。売れ行きがよくない書籍は返品します。もちろん、お客様の対応も大切な仕事です。探している書籍について尋ねられれば、在庫をチェックし、なければ取次店や出版社に発注したりもします。

書店での恋に、格差も偏見も許しを請う必要もありません

書店員の平均給料・給与

21万円

20代の給料：19万円
30代の給料：22万円
40代の給料：24万円
初任給：17万円～

※給料の算出には求人や口コミ、厚生労働省の労働白書を参考にしております

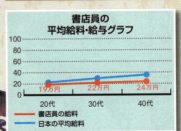

書店員の平均給料・給与グラフ

- 書店員の給料
- 日本の平均給料

書店員になるには資格も学歴も必要ありません。ただ一部の大手書店は、4年制大学または大学院卒業でないと正社員採用はされません。しかし、大きな会社では採用されても店舗でなくシステムや営業担当ということもあり得ます。中小規模の書店や個人経営の書店は従業員募集を行っても、アルバイトや契約社員での採用が多く、正社員募集は少ないようです。専門的なスキルを習得してもらうため、接客エキスパート研修を実施している書店もあります。

書店員

書籍の陳列・販売管理を行うジョブ。独自の観点で書籍販売をし、「出版界の前線」と呼ばれる。書店員の魂が具現化される「今月のおすすめ」は出版不況を打破するブームすら生み出す最強魔法だ。

引っ越し業者

Movers

引っ越し業者の仕事内容は、荷物を梱包し、家やアパートから搬出してトラックに積み、引っ越し先へ移動して搬入することです。普通は何人かで冷蔵庫や家具などの荷物を運びます。助手席に座って、地図を見ながらドライバーに引っ越し先まで道案内をすることもあります。引っ越し業者の仕事は特別なスキルや経験は特に必要なく、肉体労働なので筋肉をつけたい方に人気があります。また、体力に自信があれば接客や人間関係が苦手な方でも大丈夫です。さらにアルバイトであれば前日に連絡して翌日に働くこともでき、自分の予定やスケジュールに合わせて仕事をすることもできます。

引っ越し業者の平均給料・給与

26万円

- 20代の給料：19万円
- 30代の給料：27万円
- 40代の給料：34万円
- 初任給：15万円～

※給料の算出には求人や口コミ、厚生労働省の労働白書を参考にしております

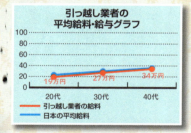

引っ越し業者

己の腕を信じ、荷物を運ぶ集団。引っ越しにおける運搬の早さ、丁寧さ、効率の良さを追求する。スキル「対角線持ち」は、持ち運ぶスピードが2倍になるという究極の奥義だ。

引っ越し業者の募集は、求人誌や求人サイトで見つけられます。直接応募する方法と、派遣会社に登録する方法があります。引っ越し屋を開業したい場合は、国土交通省に認可された運送業者になる必要があります。貨物軽自動車運送事業という、軽自動車を使って小さな荷物を運ぶ運送業者ならば、条件がありますが軽自動車1台で開業できます。最近では引越し専門仕様の軽トラックや大型冷蔵庫なども積載できるタイプの車両もあります。

南極観測隊員

JARE

南極観測隊員の仕事内容は、南極大陸の天文・気象・地質・生物学の観測です。夏隊が約30名、冬隊が約30名の約60名で構成されています。海上自衛隊の砕氷艦（南極観測船）に搭乗して昭和基地へ向かい、暮らし、同じ艦で帰還します。南極地域観測は国際協力の下に日本が実施する事業であり、1957年（昭和32年）の昭和基地建設から継続的に実施されています。昭和基地は世界的な観測網の拠点として、これまでオゾンホールの発見や世界最多級の隕石の採取、過去数十万年にわたる気候変動の解明、環境変動の研究など、多くの観測研究の成果を得ています。

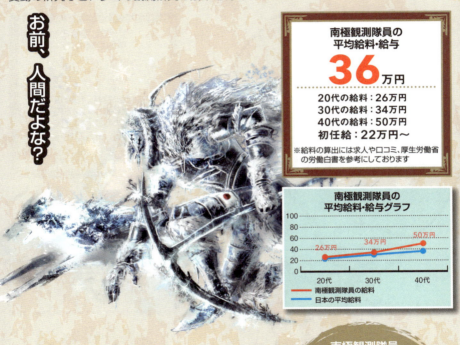

お前、人間だよな？

南極観測隊員の平均給料・給与

36万円

20代の給料：26万円
30代の給料：34万円
40代の給料：50万円
初任給：22万円〜

※給料の算出には求人や口コミ、厚生労働省の労働白書を参考にしております

南極観測隊員の平均給料・給与グラフ

- 南極観測隊員の給料
- 日本の平均給料

20代：26万円／30代：34万円／40代：50万円

南極観測隊員

氷に覆われし大陸「南極」に召喚された調査隊。「夏隊」と「冬隊」があり、冬隊は対極地スキル「越冬」を使いこなす。政府機関の研究員や職員からクラスチェンジするものが多い。

国立極地研究所などの政府機関の研究員や職員が中心です。しかし、大学院生もいますし、民間企業から出向で参加する者もいます。基地設営要員として住宅メーカー、衛星設備の保守要員として通信会社、観測用ヘリコプターの運用担当として航空会社などの民間企業から参加しています。女性隊員もいますが、基地の医療体制上、妊婦は隊員になることができません。国立極地研究所のホームページに求人が掲載されることがあります。

Column 5
公務員の仕事

海上保安官

小学生のなりたい職業ランキングにも入ってくるようになった「公務員」。不安定なこの時代、潰れない、給料も安定している、という公務員を子供たちやその親が選ぶのは堅実といえるでしょう。公務員には、官庁など国の機関に勤める国家公務員と、市役所や都道府県警など自治体で働く地方公務員がいます。現在、国家公務員が約58万人、地方公務員が約274万人となっています。

国家公務員は日本の中枢部である各省庁に勤める職員です。総合職は「官僚」と呼ばれるエリートで、国家規模のプロジェクトに関わります。官僚は民間の大企業並み、もしくはそれ以上の給料がもらえます。一般職は「ノンキャリア」と呼ばれ事務などを担当します。総合職に比べると出世の速度も遅く、給料も地方公務員並みの場合もあります。「航空管制官」や「入国警備官」、「海上保安官」も国家公務員に含まれます。

保育士

地方公務員は、市区町村の役所や、公立の小・中学校、幼稚園、保育園、保健所、福祉施設などで働いています。仕事内容は勤める場所や職種によってさまざまです。学校では「教師」が、保育園では「保育士」が、保健所では「保健師」が、それぞれ保有している資格を生かして活躍しています。
また、各都道府県警に勤める「警察官」や、消防本部に勤める「消防士（消防吏員）」も地方公務員になります。自治体や受験区分、年度によっても異なりますが、警察官の合格倍率は約6.5倍、消防士は6～13倍です。景気に左右されず、また人の役に立つやりがいのある仕事ということから、非常に人気が高くなっています。

小学校教諭

公務員という肩書や安定性は、先の見えない社会ではとても魅力があります。しかし一方で、有能な公務員が力を発揮しづらかったり、評価されないことで離職することもあるといいます。これからは、高い能力や努力が報われるような仕組みづくりが、公務員にも必要なのではないでしょうか。

※海上保安官は『日本の給料＆職業図鑑』52ページ、保育士は『日本の給料＆職業図鑑Plus』38ページ、小学校教諭は『日本の給料＆職業図鑑Plus』28ページに詳しく掲載

プロ棋士

Professional Shogi Player

プロ棋士は日本将棋連盟に所属し、順位戦で対局を行い、名人を目指します。リーグ戦のほかにも各タイトル戦やトーナメント戦などで対局を行い、これらの対局料や賞金がおもな収入になります。プロ棋士は毎日のように対局があるわけではなく、年間で多くても70局程度です。対局のない日は研究会で将棋の研究をしたり、アマチュア向けの将棋イベントで指導対局やタイトル戦の解説を行って収入を得ています。もちろん、プロ棋士にとって将棋は仕事であり、勝てば賞金も名誉も入ってきますが、それ以上に対局そのものに魅入られているといっていいでしょう。

王手をかける。それは戦いと同時に、学び合いでもある

プロ棋士の平均給料・給与

334万円

20代の給料：334万円
30代の給料：334万円
40代の給料：334万円
初任給：

※給料の算出には求人や口コミ、厚生労働省の労働白書を参考にしております

プロ棋士の平均給料・給与グラフ

- プロ棋士の給料
- 日本の平均給料

プロ棋士

軍略遊戯「将棋」での対局を行うジョブ。丘からすべてを見通す軍師の姿になぞらえて「盤上の策謀家」と呼ばれる。中でも特に優れた者は「竜王」「棋聖」の名声を手に入れることが可能だ。

プロ棋士の人数は約160人で、新たな棋士は年間に4人程度と狭き門です。日本将棋連盟の新進棋士奨励会へ入会し、四段になればプロ棋士になれます。なお、小学校の高学年か中学生で奨励会に入会する場合、アマチュアの県代表クラスの棋力はあります。ほかにもプロ編入制度があります。これは2006年に瀬川晶司棋士のプロ編入をきっかけにできた制度で、四段の棋士5人と対局し3勝すればプロ棋士になれますが、この制度での入会は2人しかいません。

競輪選手
Cycle Racer

競輪のプロ選手。自転車レースで順位に応じた賞金を獲得する仕事です。トップ選手になれば、年収は億を越えます。選手数は2300名程度になり、日本のプロスポーツとしては最大規模を誇ります。試合前日の競輪選手は事前にメールで出場を取り決めた競輪場へ赴き、身体と車体の検査を受け、問題がなければ翌日以降の競争に参加できます。競輪場入りしてからレースを終えるまで、八百長防止のため、携帯電話などを預けて、選手宿舎に隔離されます。競輪は毎日どこかで開催されており、欠場選手の穴埋めなどで急に出場を要請されたりもします。

赤い彗星が3倍なら、俺はその上をいくっ！

競輪選手の平均給料・給与
73万円

20代の給料：33万円
30代の給料：115万円
40代の給料：71万円
初任給：30万円

※給料の算出には求人や口コミ、厚生労働省の労働白書を参考にしております

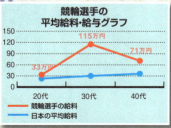

競輪選手の平均給料・給与グラフ
- 競輪選手の給料
- 日本の平均給料

競輪選手

賞金稼ぎ系ジョブ。選手たちがトップスピードに乗ってゴール前で漕ぎまくる姿は「隕石襲来」と称される。スキル「コメットさん」を使い、猛スピードで走行中に体を丸めて彗星に変身する。

日本競輪学校に入学し、国家試験の競輪選手資格検定に合格する必要があります。その後、全国いずれかの選手会に所属すると選手登録されます。競輪学校の入学資格は17歳以上で、年齢の上限はありません。最高齢では35歳で合格した記録があります。プロスポーツの中でも選手寿命の長さで知られており、大ベテランの選手は体力の衰えを戦法と技術でカバーし、孫ほど年齢の離れた選手と勝負を競います。

第9章 その他の職業

Food Fighter
フードファイター

フードファイターとは、大食いや早食い競技の参加者として、さまざまな大会に出場して賞金を稼ぐ職業です。飲食店で行われているデカ盛り、メガ盛りなどのチャレンジメニューに挑戦したり、テレビ番組の「大食い選手権」に出場したり、知名度を上げて自らフードファイターを名乗ります。向いている人は、とにかく食べることが好きで量が食べられる人です。注目されて知名度を上げなければ、仕事として生業にできないので、現役にはキャラの立った人ばかりです。フードファイトは多種多彩なメニューが出ます。好き嫌いをなくし、何でも噛み切れるよう顎の力を鍛えておくことが重要です。

いかなる食べ物にも敬意を払いなさい

フードファイターの 平均給料・給与
56 万円
20代の給料：56万円
30代の給料：56万円
40代の給料：56万円
初任給：1万円～
※給料の算出には口コミなどを参考にしております

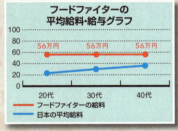

フードファイターの平均給料・給与グラフ

― フードファイターの給料
― 日本の平均給料

フードファイター

どれだけ多く食べたかで勝負する。スキル「ソロモンメソッド」は、ホットドッグに特化した大食い技だ。また呼吸法や分割方法など、知略や軍略を駆使するため、別名「食の軍師」と呼ばれる。

食欲と胃袋に自信があれば、「完食できたら1万円」などの飲食店のチャレンジメニューに挑戦してみましょう。また、食べるだけでなくタレント性も大事です。テレビで話題になれば、グルメ番組のレポーター、書籍出版などの仕事も期待できます。アメリカではスポーツ専門チャンネルでフードファイトを放送し、出場選手は「プロフードファイター」と呼ばれます。選手生命は短いですが、一獲千金を期待できる仕事の1つです。

サッカー審判員

Soccer Referee

国内のプロサッカー審判員は、反則への厳格さ、得点の有効性、試合の公平性を司（つかさど）る仕事です。J1・J2・JFL主審、J1・J2・JFL副審などがあります。日本サッカー協会（JFA）ではプロフェッショナルレフェリー制度を導入しており、プロになるとサラリーマンのおよそ2倍の給料が手に入るといわれていますが、かなりの狭き門です。将来の審判員確保にかなり積極的であるものの、少子化に加えて、試合のできるグラウンドの整備や将来の就職など、多くの問題があります。国際試合の審判員は、女子1級、1級審判員から選出され、JFA、FIFAからの推薦後、FIFAが最終的に決定します。

審判を下すことは、強者の利益にほかならず

サッカー審判員の平均給料・給与

67万円

- 20代の給料：55万円
- 30代の給料：68万円
- 40代の給料：78万円
- 初任給：30万円〜

※給料の算出には求人や口コミなどを参考にしております

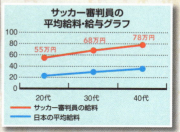

サッカー審判員の平均給料・給与グラフ

- サッカー審判員の給料
- 日本の平均給料

サッカー審判員

蹴球において公平中立にジャッジメントを行う。神の警告「イエローカード」と神の排除「レッドカード」を使い、異なる者を律する力をもつ。上級職「国際審判員」は、世界蹴球の審判も行う。

地方自治体および都道府県が主催する試合で審判検定を受ける必要があります。4級の場合は、講習を受ければ誰でもなれます。3級には、数十試合の主審・副審経験が必要で、筆記テストと体力テストをクリア後、1試合分の主審を行って評価を受けます。公認審判員になるには、日本サッカー協会、地域サッカー協会、都道府県サッカー協会などへ登録する必要があります。体力的な側面とジャッジ技術から、3級以上は難関だといえます。

体操審判員

Gymnastic Umpire

体操審判員は、体操競技の審判を行う仕事です。国際体操連盟が制定する採点規則にもとづいて、技の難易度・美しさ・雄大さ・安定性などを採点します。審判員資格には3種類あり、3種は都道府県レベルの大会、2種は地区ブロックレベルの大会、1種は全国レベルの大会で審判ができます。体操競技では、演技の難しさなど構成内容を評価するDスコア（演技価値点）と、演技のできばえを評価するEスコア（実施点）を加算して得点を算出します。高難度の技を行う選手が増加していますが、審判員は体操競技本来の美しさや雄大さをともなわない演技に対しては厳しく判断していきます。

G難度のGはGODのGである

体操審判員の平均給料・給与

2万円

20代の給料：2万円
30代の給料：2万円
40代の給料：2万円
初任給：2万円

※給料の算出には求人や口コミ、厚生労働省の労働白書を参考にしております

体操審判員の平均給料・給与グラフ

- 体操審判員の給料
- 日本の平均給料

体操審判員になるには、日本体操協会の講習会を受講する必要があります。競技経験があり、規定年齢に達した者のみ受講できます。体操の指導者、学校の教員、現役選手などが就くことが多いようです。オリンピック代表選手と世界選手権代表選手だった人は第1種から受講できます。審判員のほとんどはボランティアですが、観客が見守る中、最高の演技に立ち会うのが審判員の醍醐味です。審判員として、高得点をつけるのは感動の一瞬だといいます。

体操審判員

技の難易度・美しさ・安定性に点数をつける。体操選手による床運動、鞍馬、つり輪、跳馬、平行棒、鉄棒などの技の瞬間的な回転数や姿勢を見極める、驚異的な審美眼の持ち主である。

Sumo Referee
行司

相撲の取り組みで有利不利を判定する仕事です。結果として勝敗を示すことになりますが、あくまで進行役であり、物言いがあった場合は勝負審判が決定権をもちます。腰に差した短刀は、軍配を差し違えたら切腹するという覚悟を表しています。現代でも数日間の出場停止などの処分を受けることがあります。行司は力士と同様に相撲部屋に所属し、普段は番付発送や後援会への連絡、巡業での列車や宿の手配など事務的な仕事を行います。経理関係の記帳などを行うこともあります。大相撲をさまざまなかたちで支える伝統的な職業です。

力士よ。偉大なる王者よ。
力の限り、戦うがいい。

行司の平均給料・給与
36万円

20代の給料：16万円
30代の給料：35万円
40代の給料：50万円
初任給：14万円〜

※給料の算出には求人や口コミ、厚生労働省の労働白書を参考にしております

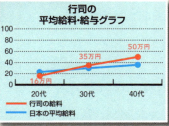

行司
相撲において有利・不利を判断し、勝者を判定するジョブ。神器「軍配」に示された力士は、絶大なる勝利の喜びを得る。スキル「発気揚々（はっけよい）」は力士の潜在力を解放する呪文だ。

行司になるのに力士のような試験や検査はありません。志願資格は中卒以上の満19歳までの男子で、相撲協会が適格と認めた者です。なお、行司の定員は45名以内となっており、65歳の定年制です。そして、欠員がなければ新たな採用はありません。そのため、狭き門となっています。行司として協会から認められても3年間は見習い期間です。相撲部屋で、雑用をしながら相撲の歴史、勝敗の見極めから、発声練習、相撲文字の書道の練習を行います。

185

Index

英文字行
IT企業社員	70
ITコーディネーター	129
MR	137

あ行
アイリスト	141
アクチュアリー	119
アパレルメーカー社員	56
海女	33
移植コーディネーター	171
いちご農家	32
医療事務	170
印刷会社社員	68
インスタグラマー	111
インテリア系企業社員	52
飲料メーカー社員	34
映画会社社員	90
映画監督	89
エステティシャン	166

か行
介護・福祉系企業社員	156
外食系企業社員	38
家電量販店社員	54
玩具メーカー社員	142
キャリアコンサルタント	127
教育系企業社員	146
行司	185
銀行員	120
ケアマネージャー	155
芸能マネージャー	172
競輪選手	181
ゲーム会社社員	94
化粧品メーカー社員	138
研究者	152
建設会社社員	162
航空会社社員	14
広告代理店社員	112
コメ農家	29
コンサルティング会社社員	124
コンビニエンスストア社員	46

さ行
サッカー審判員	183
雑誌編集者	110
産業カウンセラー	128
歯科技工士	169
自動車メーカー社員	8
出版社社員	106
出版社編集長	109
商社社員	60
食品メーカー社員	26

ショップ店員	59
書店員	176
人材派遣会社社員	130
新聞社社員	102
新聞社主筆	105
スクールカウンセラー	149
生命保険会社社員	116
製薬会社社員	134
総合重機系メーカー社員	12
ソーシャルメディアプランナー	73
ソフトウェア会社社員	74
ソムリエ	45

た行

大学教授	151
体操審判員	184
タクシー運転手	11
通信会社社員	64
通訳	154
デイトレーダー	123
鉄道会社社員	18
テレビ局社員	98
テレビプロデューサー	101
テレホンオペレーター	67
電車車掌	21
図書館司書	153
トップアフィリエイター	77
トマト農家	31
ドローン操縦士	93

な行

南極観測隊員	178
日本語教師	150
忍者	174

は行

ハードウェアメーカー社員	78
バス運転手	88
バスガイド	87
花屋さん	175
バリスタ	44
パン屋さん	43
ピザ屋さん	42
引っ越し業者	177
百貨店社員	50
美容整形外科医	168
フードファイター	182
不動産会社社員	160
振付師	173
プロ棋士	180
ホールスタッフ	41

ま行

マーシャラー	17
メロン農家	30

ら行

リフレクソロジスト	167
旅行会社社員	84
レジャー系企業社員	82

Staff

●イラスト

名前	掲載ページ	URL
akaya	P141,153,154	http://akaya9210.tumblr.com/
akp	P162	http://0k0m0m.wixsite.com/akp0/works
amatoubun	P116	http://amatoubun.tumblr.com
bono	P11	https://pixiv.me/bonobo0088
dosa	P54	https://www.pixiv.net/member.php?id=94251
KaShiwa	P16(右),72(両),76,96,123,179(上、中)	http://urchi-ro.tumblr.com/
maeka	P40(左),58(両),89,136(右),171,184	https://twitter.com/kumaekake
mututu	P70	pixiv.me/mututu
proseed	P112	
Takebon	P33,48,66,179(上)	https://www.takebonstudio.jp/
U9	P12	https://touch.pixiv.net/member.php?id=11156039
アオキユフコ	P46	https://www.facebook.com/yufko
天野かすた	P52	http://kurimupankastard.wixsite.com/kastamaru
ありすん	P67	https://arisun.jimdo.com
有馬かの	P38	http://4oc.kakoku.net/
あれく	P28,40(右),49(すべて),102,126(両),159(上)	https://www.instagram.com/aureolin24
一字	P84	http://ichiji07.tumblr.com/
イネ	P156	
色合mdd	P10,20,22(両),23(左上、右上、左下),24(左上),42,60,62,77,94,101,105,109,111,118,119,120,127,128,132,134,137,142,144,148,149,150,164(左),174,179(下),180,181	http://iroai08.iga-log.com/
卯月	P23(右下),24(右上)	https://twitter.com/cq_uz
内海痣	P168,172	https://twitter.com/aza_uchimi
大滝ノスケ	P14(仕上げ),17,18,34,82,88,93,97(上、下),114(左),122,130,136(左),146,151,152,160,164(右),169	http://araku-toko.tumblr.com/
かんようこ	P24(左下)	https://twitter.com/k3mangayou

名前	掲載ページ	URL
キスガエ	P87,110	https://twitter.com/kisugae
木志田コテツ	P182	http://www7b.biglobe.ne.jp/~alphaville/
紅秀樹	P73,92,100,140,159（中）	https://twitter.com/BlueLovers10
紅屋（kouya）	P78,124	https://twitter.com/kyk428
桜犬	P167,173	https://twitter.com/sakurainu_
ジジ	P98	https://twitter.com/Zizi__Jiji
杉野こむら	P74	https://twitter.com/sugino_komura
高峰	P8,50,90	https://t-takamine.tumblr.com
焚きぎ	P158,178	http://takigi-bf.tumblr.com
たけみや	P14（ラフ）,24（右下）,36,41,59,68,97（中）,108（両）,114（右）,166,170,175,176	https://pixiv.me/takemiya_09
タルパ	P56	
とーえ。	P155	https://pixiv.me/satin0405
はしこ	P64	http://bluetopaz.xxxxxxxx.jp/
福市まつ（フクイチ マツ）	P138	https://twitter.com/713ichi
藤 元太郎	P106	https://www.pixiv.net/member.php?id=1819815
フミフジカ	P26	http://blue-spinel.weebly.com/
武楽清	P21,177	https://pixiv.me/sephiloth06
べにはあ	P183,185	https://twitter.com/emihahaha
モ太朗	P29,30,31,32,44	https://twitter.com/mota_low
ヤツカ	P16（左）,43,45,159（下）	https://twitter.com/yatsuka_y
ヨンビン	P129	https://twitter.com/yeongbinboo

●ブックデザイン　夕企画
●DTP　　　　　　山本秀一＋山本深雪（G-clef）
●執筆　　　　　　荻田美加、小林正和（バンブルマン）
●イラスト協力　　サイドランチ、サクシード
●協力　　　　　　青山哲也、五十嵐萌子
●編集　　　　　　阿草祐己（バンブルマン）、九内俊彦（宝島社）

189

(きゅうりょうばんく)

2014年6月にオープンした情報ポータルサイト。
さまざまな職業の給料や仕事内容、就労方法など、
職業にまつわる情報を
RPG風イラストとともに紹介している。
著書『日本の給料＆職業図鑑』
『日本の給料＆職業図鑑 Plus』
『女子の給料＆職業図鑑』(すべて宝島社刊)が大好評発売中。

https://kyuryobank.com

山田コンペー
(やまだこんぺー)

給料BANK編集長。
1980年、北海道札幌市生まれ。北海学園大学法学部卒。
ラジオレポーター、俳優、ウェブデザイナー、ウェブディレクター、
企画編集者、ウェブコンサルタントとさまざまな職を経験。
所属会社の倒産を機に、
ポータルサイトの企画・制作・運営を行う
「ポータルサイター」として独立。
給料BANKのほかに7つのポータルサイトを運営しながら、
札幌と東京の2拠点で活動中。

日本の給料&職業図鑑
業界別ビジネスマンSpecial

2017年12月9日　第1刷発行

著　者
給料BANK

発行人
蓮見清一

発行所
株式会社宝島社
〒102-8388　東京都千代田区一番町25番地
電話（営業）03-3234-4621
　　（編集）03-3239-0928
http://tkj.jp

印刷・製本
株式会社リーブルテック

本書の無断転載・複製・放送を禁じます。乱丁・落丁本はお取り替えいたします。

©Kyuryo BANK 2017　Printed in Japan
ISBN978-4-8002-7802-9

弁護士から医者、声優、YouTuberまで!
271の職業とその給料が丸わかり!!

日本の給料&職業図鑑

働く大人は かっこいい!!

ネットで話題の「給料BANK」が書籍化! ゲームキャラクターのようなイラストでそれぞれの職業を表現。学生も社会人も、この本で日本の職業を楽しく学ぼう!

給料BANK 著

定価 本体 980 円 +税

日本の給料&職業図鑑Plus

給料BANK 著

定価 本体 980 円 +税

『日本の給料&職業図鑑』第2弾! 新たに生涯賃金も加え、サラリーマン系の職種も登場。全375種の職業&給料データがこの1冊に!

女子の給料&職業図鑑

給料BANK 著

定価 本体 980 円 +税

働く女子はかっこいい!! 人気シリーズ第3弾は、女子の職業図鑑。受付嬢からコスプレイヤーまで、女子の職業を、RPG風のイラスト入りで完全紹介。

宝島社 お求めは書店、公式直販サイト・宝島チャンネルで。 宝島社 検索 好評発売中!